KB054636

한국해양대학교 박물관
해양문화정책연구센터
국제해양문제연구소
해양역사문화문고⑦

대한제국과 콜럼버스

손성준

지은이 **손성준**((1978~)

　　성균관대학교에서 영문학과 중문학을 전공하고 동 대학 동아시아학과
에서 석·박사학위를 취득하였다. 중국해양대학교 한국학과에서 전임강
사, 부산대학교 점필재연구소 연구교수, 한국해양대학교 동아시아학과 교
수 등을 역임했으며, 현재는 성균관대학교 동아시아학술원 교수로 재직 중
이다. 연구 분야는 한국 근대문학과 동아시아 비교문학으로서, 주로 근대
동아시아의 번역과 지식의 변용에 대해 연구해왔다.

　　주요 저역서 : 『검열의 제국-문화의 통제와 재생산』(2016, 공저), 『투르게네
프, 동아시아를 횡단하다』(2017, 공저), 『번역과 횡단-한국 번역문학의 형성과
주체』(2017, 공저), 『근대문학의 역학들-번역 주체·동아시아·식민지 제도』
(2019), 『완역 조양보』(2019, 공역), 『완역 태극학보』(2020, 공역), 『완역 서우』(2021,
공역), 『중역(重譯)한 영웅-근대전환기 한국의 서구영웅전 수용』(2023) 등이
있다.

해양역사문화문고⑦
대한제국과 **콜럼버스**

2023년 12월 22일 초판 인쇄
2023년 12월 27일 초판 발행

지은이 손 성 준
펴낸이 한 신 규
편　집 이 은 영
펴낸곳 **글터**
　　　 서울시 송파구 동남로 11길 19(가락동)
　　　 T 070.7613.9110　F 02.443.0212　E geul2013@naver.com
등　록 2013년 4월 12일(제25100-2013-000041호)

ISBN 979-11-88353-61-3 03910　정가 13,000원

크리스토퍼 콜럼버스(Christopher Columbus, 1451~1506)는 여러 논란에도 불구하고 여전히 특별한 위상을 지니고 있다. 정작 본인은 의도하지 않았지만 그가 아메리카 대륙을 '발견'하였고, 그것이 근대세계의 형성—비록 폭력으로 점철되었을지 언정—이라 할 만한 전지구적 파급 효과를 낳은 것은 엄연한 사실이기 때문이다.

21세기 현대인의 시각에서 보자면, 더 이상 콜럼버스는 '위인'이 아니다. 그의 발견이 지닌 역사적 의미가 제아무리 거대하다 해도, 애초에 그의 항해 목적이나 1차 항해 이후의 행보는 위인의 '고귀함'과는 거리가 멀었다. 20세기 후반이 되자 학자들, 그리고 일반 대중들까지 콜럼버스를 단죄하기 시작했다. 이제는 지구 곳곳에서 동상 파괴가 보고될 정도로 그의 위상은 급격히 추락했다. 어느새 위대한 탐험가는 온데간데없이 사라지고 그 자리에는 아메리카의 혈사(血史)를 열어젖힌 장본인만이 남아 있는 듯하다.

그런데 이를 거꾸로 뒤집어 보자면 콜럼버스의 위상은 그 이전까지만 해도 견고했다는 의미가 된다. 그 시기는 유럽 각국이 전세계에 식민지를 건설하고 자신들을 중심으로 한 만국 질서를 확립하던 때와 중첩된다. '대항해시대'를 제국주의와 자본주의가 결합한 서구 중심의 근대세계를 형성한 시기라 규정할 수 있다면, 그 서막을 장식한 것이 바로 콜럼버스의 항해였다. 물론 일반적으로는 콜럼버스의 항해보다 앞서 항로를 개척한 포르투갈의 발자취를 먼저 꼽기도 한다. 하지만 신대륙 발견으로 유럽의 세계관 자체를 바꾼 콜럼버스의 임팩트는 그 이상이었다.

아이러니하게도 콜럼버스의 신화가 가장 강력히 활성화된 시공간 중 하나는 근대전환기 동아시아였다. 부국강병을 이룬 서양 열강의 지식을 총체적으로 수용하던 19세기 후반에서 20세기 초의 동아시아에 있어, 초미의 관심사는 그들이 이룩한 현시점의 문명 그 자체였다. 이미 '근대전환기'라는 표현을 썼거니와 동아시아의 지식인들이 지닌 욕망의 실체는 서양이 만든 근대세계 내지 근대성이라고도 표현할 수 있을 것이다. 콜럼버스는 단순한 탐험가가 아니라 작금의 세계상을 구축한, 그리하여 근대를 열었다는 상징성을 갖고 있었다. 그러니 서양을 번역할 때 필연적으로 따라 오는 각국의 역사나 지리 정보는 콜럼버스의 발견을 출발점으로 삼는 경우가 빈번했다.

이런 맥락에서, 서양의 지식을 전폭적으로 수용한다는 것은 언제 어디서든 콜럼버스의 이름을 발견할 수 있다는 의미이기도 했다. 더구나 현대인의 부정적 시각이 배제된 콜럼버스라면, 당대인들의 시선에 그는 유례없이 거대한 업적을 이룩한 역사상 가장 위대한 영웅에 근사했을 것이다. 근대세계의 형성과 직결된 그의 위상은 한 국가의 중흥을 이룩한 동시대의 숱한 '작은' 영웅들과는 결이 달랐다. 그렇기에 그에 관한 기록은 미디어의 역사나 지리 관련 기사뿐 아니라 각종 수신서나 전기물 등의 계몽 기획에서도 폭넓게 확인된다. 그의 성취가 위대하다면 그의 삶도 마땅히 위대했을 터였다.

이 책은 한국의 근대 미디어가 태동한 '대한제국기'의 여러 텍스트를 중심으로 콜럼버스 관련 지식의 수용 양상을 탐색한다. 콜럼버스의 신화가 견고하던 시기, 처음 한국에 건너온 콜럼버스는 어떤 형상을 하고 있었을까? 이 책에서 던질 질문들은 대략 다음과 같은 것들이다. 콜럼버스의 신화를 활용한 처음의 논의들은 주로 어떤 맥락 속에 위치하는가? 콜럼버스에 관한 지식은 어떤 소스(source)로부터 번역되고 재구성되었는가? 콜럼버스의 신화는 지금 우리의 인식과 얼마나 일치하거나 다른가? 콜럼버스의 명성이 추락했다고 해서 이러한 질문들의 의미까지 퇴색되는 것은 아니다. 그것은 결국 당시 한국인들의 담론 수준과 사회적 문제의식을 선명히 드러내기 때문이다.

왜 콜럼버스인가?

〈그림 1〉 크리스토퍼 콜럼버스의 초상화

'콜럼버스의 신대륙 발견'은 결코 가치중립적 표현이 아니
다. 먼저, 콜럼버스는 과연 아메리카를 '발견'했는가? 발견의 사
전적 의미는 "미처 찾아내지 못하였거나 아직 알려지지 아니한
사물이나 현상, 사실 따위를 찾아냄"(표준국어대사전)이다. 그렇다
면 콜럼버스의 항해 이전에 아주 오래전부터 이미 아메리카 대
륙에 터전을 잡고 살아온 원주민들이 존재했던 만큼 '콜럼버스

의 발견'이라 함은 유럽 중심적 표현일 뿐이다. '콜럼버스의 신대륙 발견'에서 '신대륙'도 마찬가지다. 아메리카 원주민들에게 아메리카는 결코 신대륙일 리 없었기 때문이다. 다만 근대 미디어에 수용된 콜럼버스의 형상이나 그의 서사를 주제로 삼고자 할 때 이 어휘들을 완전히 배제하는 것도 현실적으로 어렵다. 따라서 이하 이 책에서 혹여 작은따옴표를 생략하더라도 '발견'이나 '신대륙'의 의미 그대로를 적용하는 것은 아니라는 점을 덧붙여 둔다.

모두에게 그의 이름이 익숙한 데서 알 수 있듯, 20세기 이래 지금까지 출판된 수많은 한국 위인전기 전집류에서 그의 자리가 의심받는 경우란 없었다. 일대기를 다루는 위인전뿐이겠는가. 콜럼버스의 작은 일화나 특정 정보들은 다종다양한 형태로 가공되어 근대의 출판물 어딘가에서 끊임없이 존재감을 뽐내왔다. 가령 해방 직후인 1946년 3월에 출판된 『한글독본』(정인승 편, 정음사)의 제10과는 「콜럼부스의 달걀」이다. 총 33과의 읽을 거리로 구성된 이 교재에서 특정 인물의 이야기를 다룬 경우는 제1과의 「이순신 어른」, 제5과의 「화가 유덕장」, 그리고 콜럼버스가 전부였으니 기실 콜럼버스는 이 책에서 외국인을 소재로 삼은 유일한 사례였다.

〈그림 2〉 『한글독본』

 그런데 콜럼버스만큼 급전직하로 위상이 추락한 사례 또한 찾기 어렵다. 수년 전부터 북미와 남미 할 것 없이 콜럼버스 동상 훼손 사건이 보고되고 시작했고 '콜럼버스의 날'을 '원주민의 날'로 변경할 것을 요구하는 목소리도 날로 강경해지고 있다.[1] 도대체 무슨 일일까?

 콜럼버스가 자행한 원주민 억압과 착취의 행보는 오늘날 여러 미디어를 통해 익히 알려졌고, '신대륙 발견'이라는 성취가 터무니없이 부풀려져 있다는 학계의 지적 역시 이제는 낯설지 않다.[2] 그를 영웅의 지위에서 끌어내린 것은 특히 전자였다. 황금에 눈이 멀어 아메리카 원주민을 노예로 삼거나 학살하는

---

1) 이를테면 노주석, 「콜럼버스 데이」, 『파이낸셜뉴스』, 2022.10.11. 참조.
2) 김성준, 『유럽의 대항해시대』, 문현, 2019, 85~97쪽.

'전통'의 기점에 콜럼버스가 있었다는 사실[3]은 한때 카톨릭 성자로까지 고려되었던 종래의 위상을 심각하게 위협하였다. 주지하듯 신대륙 발견 이후 스페인의 정복자들은 아즈텍과 잉카 문명을 소멸시켰다. 이후로도 영국과 프랑스의 식민지 건설, 미국의 개척 등이 진행되는 내내 아메리카 대륙은 피와 죽음의 역사로 점철되어왔다. 적어도 콜럼버스의 신화가 견고하던 시기에는 그러한 비극과 그를 분리하는 것이 가능했으나 이제 콜럼버스는 오히려 그 모든 일의 원흉에 가깝게 간주되기도 한다. 요컨대 보편적 영웅으로서의 콜럼버스는 더 이상 존재하지 않는다.

일견 새로워 보이는 이러한 관점은 사실 그렇게 새로운 것도 아니다. 제임스 M. 블라우트의 『식민주의자의 세계 모델 -지리적 확산론과 유럽중심적 역사』(1993)나 조셉 폰타나의 『거울에 비친 유럽』(1994) 등 1990년대의 저술에서는 이미 콜럼버스의 '발견'을 우연성의 산물로 치부하거나 콜럼버스 본인과 그 이후 스페인의 아메리카 점령 방식에 대한 원색적인 비난으로 가득하다.

객관적 자료에 의거한 콜럼버스 재평가는 1960년대에 일어난 현상이었다고 한다.[4] 그런데 이는 달리 말하자면 1960년대

---

3) 로널드 라이트, 안병국 역, 『빼앗긴 대륙, 아메리카』, 이론과 실천, 2012, 50쪽.
4) 주경철, 『크리스토퍼 콜럼버스 -종말론적 신비주의자』, 서울대학교출판문화

이전까지는 온갖 역경을 극복하고 신대륙을 발견한 위대한 탐험가라는 콜럼버스의 신화가 그 누구도 의심할 수 없을 정도로 견고했다는 의미이기도 하다. 사실, 그 신화는 여전히 현재진행형이기도 하다. 콜럼버스의 고향인 이탈리아의 제노아나 그의 항해에 힘입어 아메리카에 진출한 스페인에서는 여전히 그를 칭송하고 기념한다. 이탈리아 일간지 '일 조르날레'는 다음과 같이 지적하기도 했다.

> 콜럼버스는 사후 500년이나 지났는데 모욕당하고 있다. 그의 동상을 파괴하고 그에 관한 기억을 없애서 미국의 인종차별 문제를 해결할 수 있다는 생각은 위선적이고 틀렸다.[5]

콜럼비아 특별구(District of Columbia)를 의미하는 미국의 수도 워싱턴이나 남미의 국가 콜롬비아(Colombia), 캐나다의 주명이자 대학 명칭이기도 한 브리티시 콜럼비아(British Columbia) 등 오래 전부터 근대세계에 각인되어 있던 그의 흔적이 동상처럼 쉽사리 훼손될 것 같지도 않다. 학술계의 용어이기도 한 '콜럼버

원, 2013, 48쪽.
5) 이영섭, 「미국서 수난당하는 콜럼버스, 출신국 이탈리아선 여전히 '위인'」, 『연합뉴스』, 2020.10.12.에서 재인용.

스의 교환'은 어떤가? '콜럼버스의 교환' 또는 '콜럼버스적 대전환' 등으로 번역되는 'Columbian Exchange'는 앨프리드 W. 크로스비의 *The Columbian Exchange: Biological and Cultural Consequences of 1492*(Westport, CT: Praeger, 1973)에서 처음 명명된 것으로 보인다.[6] 물론 이제 이 표현은 일반적인 교양 수준에서도 통용되는 어휘가 되었다.[7] 앞서 언급한 『한글독본』의 한 챕터명이기도 한 '콜럼버스의 달걀(Egg of Columbus)'은 또 어떤가? 사실관계를 따져보면 콜럼버스의 달걀은 왜곡된 전설에 가깝지만 대중에게는 너무나 익숙하다. 이 같은 이야깃거리가 꾸준히 재생산되는 것도 그의 신화가 여전히 힘을 갖고 있다는 증거다.

특히나 유럽 각국이 이룩한 '근대화'를 욕망하던 근대전환기의 동아시아인들에게 콜럼버스는 각별한 존재였다. 그의 발견이 아니었다면 『해국도지海國圖志』(1842)의 세계관과 지리 정보도, 『만국공법萬國公法』(1864)의 국제법 질서도 전혀 다른 형태일 것이었다. 그뿐인가. 콜럼버스의 도전이 없었다면 당장 동아시아의 근대와 가장 밀접한 연관성을 갖고 있던 미국의 역사도

---

6) 찰스 만, 최희숙 역, 『1493: 콜럼버스가 문을 연 호모제노센 세상』, 황소자리, 2020, 13쪽.

7) 가령 앨프리드 W. 크로스비, 김기윤 역, 『콜럼버스가 바꾼 세계』, 지식의숲, 2006 참조.

시작될 수 없었다.[8] 서구 중심의 근대 질서로 편입되고 있던 동아시아에서 콜럼버스를 바라보던 시선은 적어도 이러한 경외감을 수반하는 것이었다.

이 책에서는 한국의 근대전환기인 대한제국기의 미디어에서 콜럼버스가 어떻게 소개되었는지, 그에 관한 지식은 어떤 맥락에서 어떻게 번역되었는지를 문제 삼고자 한다. 그가 한국에 처음 소개되던 시기, 그는 과연 어떤 위상을 지니고 있었고 또 어떤 가치들을 담아내고 있었는가? 현재까지 한국의 콜럼버스 수용 문제에만 주목한 연구는 거의 없다.[9] 당시 지식인들 사이에서의 인지도나 근대 초기 미디어가 콜럼버스를 다루는 빈도 등을 고려하면 이상한 일이다. 추정컨대 당대의 서구 영웅전 번역이나 역사 인물 소개를 대한제국기의 정치적 대안 모색 내지 애국운동의 실천이라는 구도에서 해석해온 입장이 주류였기 때문일 것이다. 이에 따라 콜럼버스와 같은 탐험가보다는 한 국가의 시운時運을 바꾼 정치가나 군인에 주목하는 논의가 많았다. 당시 전기물의 양상에서 정치가 및 군인 주인공들이 다수였던 것은 명백하다. 그러나 실제 자료들이 증언하는

---

8) 동아시아의 근대와 미국의 관련성에 대해서는 조영한·조영현, 『옐로우 퍼시픽 -다중적 근대성과 동아시아』, 서울대학교출판문화원, 2020 참조.
9) 논의의 일부로 포함하여 콜럼버스 관련 전기를 소개한 사례로는 김경남, 「지식유통의 관점에서 본 근대 한국의 탐험문학 형성과 의미」, 『로컬리티 인문학』 26, 부산대학교 한국민족문화연구소, 2021 참조.

바, 콜럼버스는 여타의 정치가 영웅들보다 더 일찍 더 자주 호출되었다. 탐험가 영웅의 비주류성에 대한 연구자의 편견이 정작 당대의 주류 영웅인 콜럼버스를 건너뛰게 하는 상황을 야기한 셈이다. 따라서 이 시기 콜럼버스 관련 텍스트를 분석하는 작업은 곧 한국 근대전환기의 담론 지형을 보다 실증적이고 입체적으로 이해하는 일이기도 하다.

2 대한제국기 미디어의 역사적 의미

이 책에서는 대한제국기(1897.10.12.-1910.8.29.)를 한국에서 근대 미디어가 형성된 최초의 모멘텀이자 활황기로 간주하고, 이 시기를 중심으로 콜럼버스 수용 양상을 살펴보고자 한다. 보통 한국의 근대 미디어는 최초의 신문『한성순보漢城旬報』(1883.10.1.-1884.10.9.)를 기점으로 삼는다. 하지만『한성순보』의 문체가 아직 한문이었던 점이나 발행 주체가 통리아문 박문국이라는 관官이었다는 점 등은, 이 신문이 정보 및 지식의 보편적 유통이라는 근대 인쇄 미디어의 기능에 충분히 부합하지 못했음을 시사한다.

이런 측면에서 연구자들 다수는 1896년 4월 7일부터 간행된 한국 최초의 민간신문이자 한글신문인『독립신문』(1899년 12월 4일 폐간)을 근대 미디어의 진정한 출발점으로 꼽고 있다.『독립신문』은 당시로선 획기적인 정치의식을 표출하였으며, 그 외에도 갖가지 새로운 학문과 지식들을 꾸준히 소개한 민民 중심의 인

쇄 미디어였다. 『독립신문』에서 본격화된 근대 미디어의 역사
는 『황성신문』(1898.9.5.-1910.10.14.), 『제국신문』(1898.8.10.-1910.8.2.),
『대한매일신보』(1904.7.18.-1910.8.29.) 등으로 계승되며 큰 흐름을
형성하게 된다.

〈그림 3〉 『독립신문』

한편, 이러한 신문의 역사와는 별도로 잡지 미디어의 출현을
짚어볼 필요도 있다. 근대의 유명 시인이자 문학 이론가 임화
林和(1908-1953)는 1939년 『조선일보』에 연재한 「개설 신문학사」
에서 대한제국기의 몇몇 잡지를 소개하며 다음과 같이 총평하
였다.

　　정치의 전성기가 신문의 시대임에 반하여 교화와 계몽의
　　열성이 앙양되면서 잡지의 시대가 도래한 것은 이 때문이

다. 이것은 잡지의 성질상 자연히 시대가 정치에서 계몽으로 움직이면서 잡지가 저널리즘의 제일선상으로 등장한 것으로 잡지의 시대에 와서 조선 사람은 비로소 문화란 것을 생각할 기회를 얻었다고 말할 수가 있다.

신문기사에 비하여 잡지의 내용은 항구성을 띠게 되는 때문이다. 심히 모순되는 말이나 조선서는 정치가 쇠퇴하면서 문화에의 길이 열린 것이다. 요컨대 정치적 방향이 두색杜塞됨에 따라 문화를 정치적 정열의 방수로放水路로써 선택한 것이다. 이러한 문화가 당연히 공리성功利性으로 일관됨은 또한 당연한 결과라 아니할 수 없다.

조선의 신문화를 이해하는 데 이 점은 지극히 중요한 점이다.

그러므로 모든 잡지가 계몽성을 주지主旨로 삼으면서도 근저에는 "생호生乎아 사호死乎아 지호知乎아 부호否乎아" 하는 정치적 정열이 맥脈 뛰고 있었다.[10]

임화는 위의 글에서 대한제국기의 잡지에 나타나는 '계몽'과 '정치'의 혼효混淆가 조선 신문화 이해에 있어서 "지극히 중요한 점"이라고까지 강조한다. 아울러 잡지야말로 신문 이상으로 계

---

10) 임화, 「개설 신문학사」, 『임화 문학예술전집 2-문학사』, 소명출판, 2009, 89-90쪽.

몽에 적합한 항구성을 지닌 미디어라고도 평가한다. 이는 신문과 잡지라는 미디어의 본질적 차이를 환기하는 것이기도 하다. 신문은 내용의 완결성이나 깊이보다는 신속성과 시사성을 우선시한다. 반면 잡지는 일반적으로 신문이 따라올 수 없는 수준의 심도 있는 기획 기사를 내보낼 수 있다. 이를 염두에 두자면, 계몽의 기획에 보다 적합한 미디어는 신문보다 잡지라고 할 수 있다.

공교롭게도 한국 근대잡지의 역사 역시 신문과 비슷한 시기, 비슷한 조건 속에서 발원하였다. 한국잡지사의 초기를 장식하는 잡지들로 손꼽히는 것은 『친목회회보』(1896년 2월 창간)·『대조선독립협회회보』(1896년 11월 창간)·『협성회회보』(1898년 1월 창간) 등이다. 이들의 창간 시점은 『독립신문』과 거의 비슷하다. 즉, 민간 언론의 활성화라는 사회적 현상이 비단 신문뿐 아니라 잡지 미디어를 통해서도 펼쳐지고 있었던 셈이다. 또한 『친목회회보』·『대조선독립협회회보』·『협성회회보』는 각각 대조선일본친목회·독립협회·협성회라는 단체를 통해 간행된 기관지라는 공통점이 있다. 이는 민간 차원의 잡지 발간이 서서히 시작되고 있었다곤 해도 아직 특정 단체의 입장을 대변하는 기능이 우세했던 당시의 한계를 보여주는 지점이다.

이러한 흐름이 전변하여 임화가 말한 공리적 계몽운동이 잡지를 통해 본격적으로 전개된 것은 1905년경부터였다. 그 결정적 계기가 된 사건은 1905년 11월 17일에 강제로 체결된 을사늑약乙巳勒約이었다. 이 조약으로 인해 대한제국은 일본에 의해 외교권이 박탈된 채 그들이 설치한 통감부가 좌지우지하는 형국이 되었다. 망국亡國이 임박한 것으로 해석할 수밖에 없는 이 충격은 곧 계몽운동을 새로운 국면에 올려다 놓았다. 국가에 기대할 수 있는 것이 사라진 이상 국민을 결집시키는 것만이 유일한 활로였다. 현재는 잘 사용하지 않는 용어이지만 1905년부터 1910년 사이의 지식 운동을 두고 '애국계몽운동'이라고 지칭하거나 아예 해당 시기를 '애국계몽기'라고 부르는 한국학계의 관습 역시 이러한 배경 속에서 생성된 것이었다. 1905년부터 대한제국의 국권이 완전히 소멸하는 1910년 8월 29일까지, 민간 지식인들이 간행한 잡지 미디어의 종수는 실물을 확인할 수 있는 것만 추려도 40종을 상회한다.

이 새로운 잡지의 시대를 상징하는 핵심적인 미디어 중 하나가 바로 『조양보朝陽報』(1906.6~1907.1, 통권 12호)이다. 『조양보』는 동시기 잡지들 사이에서도 차별화되는 대목이 있다. 바로 '최초의 종합잡지'라는 타이틀이다. 한국문학사 서술 가운데 『조양보』를 '종합잡지'군의 첫 머리에 올린 최초의 인물 역시 임화였다.[11] 직접적으로 『조양보』를 다룬 연구들의 경우를 일별해보

---

11) 임화, 앞의 글, 89쪽.

아도 "구한말의 잡지들 가운데서『조양보』는 몇 안 되는 종합
잡지의 하나"[12), "우리 최초의 종합지 성격『조양보』"[13), "그중
최초의 종합지적 성격을 띠고 1906년도에 발간된『조양보』"[14),
"『조양보』는 최초의 종합지"[15) 등 일관되게 '(최초의) 종합잡지'
적 정체성을 강조하고 있다.

〈그림 4〉『조양보』

그러나 수십 종의 잡지들이 동시다발적으로 쏟아져 나온
1906년 이후의 국내 미디어 환경에서 불과 몇 개월 차이로 부

12) 유재천, 「『조양보』와 민족주의」, 『한국언론과 이데올로기』, 문학과 지성사,
1990, 202쪽.
13) 최덕교, 『한국잡지백년 1』, 현암사, 2004, 149쪽.
14) 이유미, 「1900년대 근대적 잡지의 출현과 문명 담론-『조양보』를 중심으로」,
『현대소설연구』26, 한국현대소설학회, 2005, 30쪽.
15) 구장률, 「근대 초기 잡지의 영인 현황과 연구의 필요성」, 『근대서지』1, 근대서
지학회, 2010, 87쪽.

여된 '최초'라는 수사에 커다란 의미를 부여하는 것은 무리다. 이를테면 또 다른 '종합잡지'로 분류되는『소년한반도』는 1906년 11월 1일,『야뢰』는 1907년 2월 5일자로 창간되었다.『조양보』와의 시간차는 5개월에서 8개월 남짓이다. '종합잡지'라는 기준 역시 모호한 측면이 있다. '종합잡지'라면 응당 잡지의 체세나 구성을 통해 '종합성'을 표상할 수 있어야 할신대, 큰 틀에서 볼 때『조양보』의 지면 구성은 이른바 '기관지들', 곧 대한자강회, 태극학회, 서우학회가 간행한『대한자강회월보』,『태극학보』,『서우』 등과의 편차가 뚜렷하지 않다. 게다가『대한자강회월보』와『태극학보』의 창간호는 각각『조양보』와는 거우 한두 달 간격인 1906년 7월과 8월에 나왔고,『서우』의 창간 역시 동년 12월이었다. 이렇게 보면『조양보』를 '종합잡지'로 칭하는 이유는 이 잡지가 특정 학회의 명을 따르지 않았으며 '회원'을 위한 지면이 없다는 정도 외에는 찾을 수 없으니, 실은 '종합잡지'라기 보다는 '비기관지'가 적확한 명명일 것이다.

　『조양보』에서 최초의 종합잡지라는 포장을 벗어던져도 여전히 남는 성격인 '비기관지'라는 사실에 주목해보자. 이것이 의미하는 바는 결코 가볍지 않다. 왜냐하면 '지식운동 차원의 매체'가 적어도 표면적으로는 그 어떤 단체의 주장이나 방향에 귀속되지 않을 수 있기 때문이다. 다음은 발간 취지를 담고 있는 서문 중 마지막 대목이다.

이러한 사람을 가정에 있게 하면 반드시 그 자질(子姪)을 그르칠 것이요 학교에 있게 하면 반드시 그 제자들에게 누를 끼칠 것이니, 사회교육으로써 급무 중의 가장 급무를 삼아야 할 것이다. 이것이 조양보사(朝陽報社)의 여러분이 월보(月報)를 발간하여 조정과 재야의 사군자들이 병촉지학(秉燭之學)을 하는 데 공급하려는 까닭이니, 그 내용은 일종의 교과서요 그 의도는 독립회복의 계책이다. 그러므로 삼가 고심의 붓을 잡고 피를 토한 먹을 적셔 나라 안의 동지들에게 두루 고하는 것이다.[16]

이렇듯 『조양보』는 지식운동·계몽운동 차원의 사명을 장착하고 있었다. 여기에 서술된 방향성 자체는 대한제국기 말기의 다른 잡지들과 큰 차이가 없다. 하지만 『조양보』는 한국 최초의 비기관지였다. 말하자면, 『조양보』 편집진에게 있어서 '비기관지'가 가야할 길을 보여주는 모델이 적어도 동시대의 한국잡지에는 없었다는 것이다. 『소년한반도』나 『야뢰』 같은 잡지들이 연이어 등장하게 되지만 『조양보』의 발간 시점에는 명백히 『조양보』뿐이었다. 그런즉 『조양보』의 출현은, 『친목회회보』·『대조선독립협회회보』·『협성회회보』의 시대를 지나, 그야말로

---

16) 李沂, 「朝陽報發刊序」, 『조양보』 1, 1906.6, 1쪽.

모두의 입장을 대변하고 모두를 대상으로 한 새로운 계몽운동의 시대가 본격적으로 시작되었음을 의미했다.

이상으로 신문과 잡지 영역에서 새로운 시작을 알리는 두 개의 상징적인 미디어, 곧 『독립신문』과 『조양보』를 소개하였다. 이들 미디어, 그리고 이들에서 파생된 또 다른 미디어들의 발행기간을 펼쳐보면 1896년에서 1910년 사이다. 이 시기가 거의 대한제국기와 중첩되어 있는바, 이 책에서는 해당 시기 등장한 모든 신문잡지 미디어를 '대한제국기 미디어'로 통칭하고자 한다. 대한제국기는 곧 한국의 근대 미디어가 형성된 시기이자 역사상 유례없던 계몽운동의 성행기이기도 했다. 이 책의 화두인 콜럼버스는 바로 대한제국기 미디어를 통해 처음 한국에 소개된 것이다.

3 번역한 영웅의 시대

대한제국기는 출판미디어를 통해 계몽 지식인들이 지식과 사상을 유포하는 하나의 전형을 제시한 시기였다. 이 시기 출판 양상의 특징 중 하나로 번역된 지식이 대량 유포되었다는 점을 들 수 있다. 당대 지식인이 열망했던 강력한 근대국가의 위상을 먼저 구축한 이들은 외부에 존재했다. 그들의 지식을 받아들이기 위해서는 '번역'이라는 작업을 거칠 수밖에 없었다.

다만 매개자들이 원전에 적극적으로 개입하던 당시의 번역 양상을 감안한다면, 현대적 의미에서 '번역'이라는 용어를 사용하는 것 자체도 유의가 필요하다. 이 때문에 이 책에서의 '번역'은 번안이나 편역을 포함하는 광의적 개념으로 사용하는 것임을 미리 일러두고자 한다. 분명한 것은, 대한제국기에 일어난 새로운 지식문화의 형성은 번역을 통해 일어났다는 사실이다. 물론 각종 출판물의 외연(外緣) 역시 번역을 통해 확장될 수 있었다.

번역물의 범람 속에서 특히 각종 역사류와 전기류가 두각을 드러냈다. 한국은 일본과 중국에 비해 시기적으로 늦긴 했지만 국가의 정치적 위기 상황과 맞물려 지식인들의 집중적인 참여가 수반되었다. 그들은 일본어나 중국어로 이미 한 차례 번역된 서양 국가들의 근대사와 영웅전기들을 대량으로 자국어화했다. 이 구도에서 나타나듯, 해당 텍스트들은 한국의 특수 상황에 기인하여 촉발된 것이 아니라 동아시아 3국 전체에서 발견되는 현상이었다. 그들은 모두 동일한 대상을 다루었으며 각국 텍스트들은 원전과 역본의 관계로 서로 연결되어 있었다. 역사물과 전기물은 당시 한국 사회뿐 아니라 동아시아 전체의 필요와 공명할 수 있는 양식이었다. 근대전환기 동아시아에 유통된 각국 역사물과 전기물의 보편성 및 특수성은 이러한 지점에서 표출된다. 이 시기 번역의 문제에 접근하기 위해 동아시아 차원의 지형도가 필요한 이유가 여기에 있다.

그렇다면 구체적으로 어떤 텍스트들이 출현했을까? 다음은 김태준이 1930년대에 집필한 『조선소설사』 중 19세기 말에서 20세기 초에 걸쳐 출판된 다양한 서적들을 소개한 대목이다. 소설사를 내세운 저작에서의 정리이지만 문학과 비문학 텍스트가 모두 포함되어 있다.

교회 측으로서는 고종 19년(1882) 누가(St. Luke)와 요한(St. John)의 2종의 복음서(Gospel)가 번역된 후 점점 바이블은 완역되는 동시에 Tsway崔라는 한인韓人 손에『천로역정』(The Pilgrim's Progress)이 번역되고『사민필지士民必知』,『안인거安人車』,『회도몽학』,『검둥이의 설움』,『불쌍한 동무』등이 번역되고 윤치호 씨의『우스운 이야기』는 이솝(Aesop's Fable)에서 나온 것이었고 조나단 스위프트(Jonathan Swift)의 원작인『걸리버 여행기』(Gulliver's Travel)도 이때 번역되고, 유구당劉矩堂의『서유견문』도 이때(광무 11년 판)의 서양 여행기로서 출색出色한 문자였다. 융희 2년에는 이와 같은 저작이 홍수같이 쏟아져 나왔다. 현순玄楯의『포와유람기』를 비롯하여『후례두익칠년전사』,『보법전기』,『나파륜전사』,『파란말년전사』,『월남망국사』,『라마사』,『서사건국지』,『미국독립사』,『법란신사』,『경국미담』,『애국부인전』,『금수회의록』,『피득대제전』등이 그것이다. 당시에 양기탁·박은식 씨와 함께『매일신보』의 필자가 되어 있던 성균박사 신채호 씨丹齋가『이태리건국삼걸전』,『을지문덕전』,『최도통전』,『몽견제갈량』[17),「독사신론」같은 역사소설을 지어 신생면新生面을 개척한 것도 씨의 독창에서 나온 것이며 융성한 정치

---

17)『몽견제갈량』은 신채호가 아닌 유원표가 쓴 소설이다. 신채호는 서(序)를 달았다.

사상과 국가 관념을 반영한 시대적 산물이다.[18]

인용문에 포함된 각양각색의 출판물 중에서도 주류가 되는 것은 단연 역사물과 전기물이다. 전자의 예로는『월남망국사』, 『미국독립사』,『보법전기』(프로이센-프랑스 전쟁기),『라마사』(로마사) 등이 있고, 후자는『나파륜전사』(나폴레옹 전사),『피득대제전』(표트르대제전),『애국부인전』(잔 다르크 전기),『이태리건국삼걸전』등이 제시되고 있다. 아울러『을지문덕전』,『최도통전』과 같은 자국의 영웅을 다룬 창작물도 보이지만, 이 시기의 텍스트 대다수가 번역서라는 점을 재차 확인할 수 있다. 물론 김태준이 나열한 사례 외에도 당시에는 훨씬 많은 역사물과 전기물들이 출판

〈그림 5〉『갈소사전』,『표트르대제전』,『라란부인전』의 표지

18) 김태준,「증보 조선소설사」, 정해렴 편,『김태준 문학사론 선집』, 현대실학사, 1997, 194~195쪽.

되었다.

요컨대 국내에 번역된 서구영웅의 전기물들은 출판과 동시에 전성기를 맞이했다. 강명관에 의하면 1895년에서 1910년 사이에 간행된 출판물 중 가장 영향력 있는 저술이 '전기류'를 포괄하는 개념인 '역사류' 저작이었으며 김병철의 근대 번역문학 연구에서도 '역사류'·'전기류'는 총 작품수의 절반을 상회하는 것으로 나타난다.[19] 이 정도라면 전대까지의 정전이었던 유교 경전이 해체된 자리에 역사서술이 대신 자리 잡았다는 주장이 나오는 것도 무리가 아니다.[20] 다음은 1907년에서 1908년 사이에 단행본으로 출판된 서구영웅전만을 따로 모아 정리한 표이다.

〈표 1〉 1907-1908년에 출판된 서구영웅전 단행본

구분	시기	제목	출판사	역자	원저자	대상 인물		
						현대인명	활동	국적
1	1907. 5	五偉人小歷史	보성관	이능우	佐藤小吉 (일본)	알렉산더/ 콜럼버스 / 워싱턴/ 넬슨/ 표트르	정치가/ 탐험가/ 군인 등	마케 도냐/ 이탈 리아/ 미국/ 영국/ 러시아
2	1907. 7	政治小說 瑞士建國誌	대한매일 신보사	박은식	鄭哲 (중국)	윌리엄 텔	군인	스위스
3	1907. 8	근세데일녀중영웅 라란부인젼	대한매일 신보사	未詳	梁啓超 (중국)	롤랑부인	정치가	프랑스

---

19) 김병철, 『한국근대번역문학사 연구』, 을유문화사, 1975.

20) 김태준, 「'문'의 전통과 근대 교육제도」, 『한국어문학연구』 42, 2004, 23쪽.

구분	시기	제목	출판사	역자	원저자	대상 인물		
						현대인명	활동	국적
4	1907. 8	比斯麥傳	보성관	황윤덕	笹川潔 (일본)	비스마르크	정치가	독일
5	1907. 10	신쇼설 애국부인전	광학서포	장지연	馮自由 (중국)	잔 다르크	군인	프랑스
6	1907. 10	伊太利建國三傑傳	광학서포	신채호	梁啓超 (중국)	마찌니/카부르/가리발디	정치가/군인	이탈리아
7	1907. 11	정치쇼셜셔사건국지	박문서관	김병현	鄭哲 (중국)	윌리엄 텔	군인	스위스
8	1908. 1	愛國精神	중앙서관	이채우	板橋次郞/大立目克寬 (일본)	모리스	군인	프랑스
9	1908. 2	拿破崙史 全	박문서관	편집부	未詳 (※중국 추정)	나폴레옹	정치가	프랑스
10	1908. 3	미국고대통령 가퓌일트傳	현공렴	현공렴	中里彌之助 (일본)	가필드	정치가	미국
11	1908. 4	匈牙利愛國者 噶蘇士傳	중앙서관	이보상	梁啓超 (중국)	코슈트	정치가	헝가리
12	1908. 4	華盛頓傳	회동서관	이해조	丁錦 (중국)	워싱턴	정치가	미국
13	1908.5	普魯士國厚禮斗益大王七年戰史	광학서포	유길준	澁江保 (일본)	프리드리히 대왕	정치가	독일
14	1908. 6	이태리건국 삼걸전	박문서관	주시경	梁啓超 (중국)	마찌니/카부르/가리발디	정치가/군인	이탈리아
15	1908. 8	拿破崙戰史(上)	의진사	유문상	野々村金五郞 (일본)	나폴레옹	정치가	프랑스
16	1908. 11	聖彼得大帝傳	광학서포	김연창	佐藤信安 (일본)	표트르 대제	정치가	러시아

이른바 애국계몽운동이 가장 절정이었던 1907년에서 1908년, 많은 전기물들이 출판되었으나 콜럼버스와 관련 있는 것은 『오위인소역사』가 유일하다(『오위인소역사』의 〈콜럼버스〉 편에 대해서는 이 책의 6장에서 보다 상세히 다룰 예정이다). 그

도 그럴 것이 주인공 대다수가 주요 강국들의 정치가나 군인들이었기 때문이다. 이 점만 놓고 보면 콜럼버스의 비중이 생각보다 크지 않았다고 볼 수도 있겠지만, 시각을 달리하자면 그 희소한 탐험가 유형의 인물 중 유일하게 존재감을 드러내고 있던 사례가 바로 콜럼버스이기도 했다.

그런데 단행본뿐 아니라 신문, 잡지 등의 다른 인쇄 미디어로 시야를 확장하면, 콜럼버스의 비중은 절대 수 자체도 결코 적은 편이 아니었다. 이하에서는 콜럼버스 관련 지식을 일정 수준 이상으로 전달하고 있는 사례들을 중심으로 하나씩 살펴보고자 한다.

4 『독립신문』의 콜럼버스

　콜럼버스 관련 지식의 수용 경로를 추적하는 작업은 여타 인물에 비해 어렵다. '근대를 연 인물'이라는 콜럼버스의 상징성이 동아시아 삼국의 관련 텍스트가 넓게 산포되는 결과로 이어졌기 때문이다. 근대전환기 한국, 중국, 일본의 미디어는 각기 다양한 방식으로 콜럼버스를 호명했다. 동아시아 번역장을 경유하여 서구 지식을 중역重譯한 한국은 일본이나 중국이 앞서 수용한 콜럼버스를 다시 이어받는 것이 일반적이었다. 다만 미국에서 온 서재필이 창간하고 선교사들이 주필로 관여한『독립신문』과 캐나다 출신의 장로교 선교사인 제임스 게일의『유몽천자』·『그리스도신문』의 경우는 영어와 한국어를 직접 매개할 수 있다는 차이가 있었다.

　만약 콜럼버스라는 인물 자체를 단편적으로 언급한 것까지 포함한다면『대조선독립협회회보』제4호(1897.1)에 안명선安明善이 쓴「북미합중국北米合衆國의 독립사獨立史를 열閱하다가 아대조선국독립我大朝鮮國獨立을 논論함이라」를 예로 들 수 있다. 이 기사의 첫 문장은 "고롬바쓰가 아미리가대륙亞米利加大陸을 발견發見한 후後로 유由하여 구주제국歐洲諸國 인민人民이 경주競湊하야 아미리가亞米利加에 이접移接하는 자者 다多하니 각국各國이 식민지殖民地를 설치設置하되 영국英國과 불국佛國의 식민지殖民地가 최대最大한지라."[21]였다. 이처럼 미국의 역사를 거론할 때 콜럼버스로부터 운을 떼는 것은 근대기 동아시아의 상례였지만, 이런 기사에서 콜럼버스는 장식 이상의 의미를 갖지는 않는다.

〈그림 6〉 『대조선독립협회회보』

단편적인 언급을 넘어 콜럼버스의 활약 전반이 한국어로 제시된 초기의 기록으로는 『독립신문』 1899년 11월 18일자 논설

---

21) 안명선, 「北米合衆國의 獨立史를 閱하다가 我大朝鮮國獨立을 論함이라」, 『대조선독립협회회보』제4호, 1897.1, 6~7쪽.

에 소개된 콜럼버스의 관련 기사를 꼽을 수 있다.『독립신문』의 주필은 시간순대로 서재필, 윤치호, 아펜젤러, 엠벌리로 알려져 있는데, 해당 기사가 나온 1899년 11월은 영국인 엠벌리(H. Emberley)가 사장 겸 주필을 담당하던 시기였다.[22] 다음은 해당 기사의 전문이다.

① 동양 선비들은 지금까지도 천원지방(天圓地方: 하늘은 둥글고 땅은 모나다, 인용자 주)이라고 하는 이가 더러 있거니와 옛적에는 서양 사람들도 다 땅의 형체가 평평한 줄로만 생각을 하고 다만 천하에 구라파 각국들만 있는 줄로 알고 바다 밖에 별달리 육지 있는 것은 뜻하지 못하였더라

서력 1492년에 가륜파(이하 콜럼버스)라 하는 이가 의대리국(이하 이탈리아)에서 났는데 그 사람이 평생에 배를 부리기로 생업을 삼아 항상 바닷가로 내왕하며 지리를 궁구하여 여러 해만에야 비로소 땅덩이가 둥글어 동서가 가히 통행할 만할 것을 깨다를 뿐 아니라 대서양 밖에도 큰 육지가 또한 있을 것을 의심 없이 믿으나 재정이 부족한즉 어떻게 가서 그 육지를 채탐할 길이 없는 고로 먼저 이탈리아 임금께 뵈옵고 그 연유를 고한데 왕이 믿지 않거늘 또 포도

---

22) 채백, 『독립신문』의 참여 인물 연구」, 『한국언론정보학보』 36, 한국언론정보학회, 2006, 156쪽.

아(포르투갈) 임금께 간청하되 또한 믿지 않는지라

다시 셔반아(이하 스페인)에 이르니 그때에 스페인이 마침 마가락가국(모로코국)으로 더불어 싸우는 일이 있어 다른 일에 겨를이 없거늘 드디어 스페인 왕후를 뵈옵고 자세히 말씀하되 만약 이번 길에 새 땅을 얻으면 그것은 다 왕후의 공덕이라 하니 왕후가 비록 적실히 믿지 아니하나 한번 시험하고자 하여 이에 국고에 재물을 지출하여 새로 배 세 척을 짓고 수수水手 120인을 지휘하여 함께 가게 하고 1년 먹을 양식을 예비하여 주거늘 콜럼버스가 왕후께 사려하고 배에 올라 지중해서 떠나 대서양으로 나아가 줄곧 서쪽으로만 향하여 갈세 콜럼버스의 속마음에는 정녕히 새 육지 얻을 것을 믿되 세 배에 함께 가는 사람들은 조금도 믿지 않고 서로 의심할 따름이라[23]

② 배를 행한 두어 날에 다만 보이는 것은 물과 하늘이 햇빛이요 망망하여 기어 없으매 각 사람이 다 탄식하되 이 모험으로 가기만 하였다가는 새 땅을 얻기는 고사하고 우리가 수중 원혼이 되리라 하여 모두 고국으로 돌아갈 생각만 간절하거늘 콜럼버스가 위로하여 가로되 그대들은 두

---

23) 원문에는 단락 구분이 없으나 국면의 전환을 ①과 ②로 나누어 제시하기 위해 임의로 구분하였다.

려워하지 말고 내 말만 좇으면 후일에 크게 상을 타리라
하니 여러 사람이 강연히 허락하거늘 여전히 서로 행할세
한 달이 넘도록 오히려 대서양을 지나가지 못하고 몇만 리
창해가 점점 사람의 마음을 놀래니 여러 사람이 다 노를
젓지 아니하고 도로 동쪽으로 향하여 돌아오기를 작정하
는지라

콜럼버스가 여러 번 달래며 권면하니 세 배에 있는 사람들
이 서로 모여 의논하되 콜럼버스를 결박하여 물속에다 던
지고 고국으로 돌아가서 말하기를 그 사람이 새 땅을 얻지
못하매 크게 후회하여 제가 스스로 물에 빠져 죽었다 하자
하는지라

콜럼버스가 비록 각인이 자기를 모해하려는 뜻을 알았으
나 조금도 두려워하지 않고 공갈하며 위로하되 그 사람들
이 도무지 듣지 않는지라

콜럼버스가 생각하다 못하여 여러 사람을 향하여 간청하
되 3일을 한 하는 것이니 만약 3일 만에 육지를 차지 못하
거든 결단코 고국으로 돌아가리라 하니 선인船人들이 그
지극한 정성을 도로 민망히 여길 뿐 아니라 사흘 한한 것
이 또한 오래지 아니할 터인 고로 인하여 그 말대로 약조
하고 배를 놓아 서로 행하였더라

3일이 점점 가까우매 여러 사람 중에 한 사람이 뱃머리에

높이 서서 멀리 바라보다가 홀연히 크게 소리 찔러 가로
되 육지가 저기 있다 육지가 저기 있다 하거늘 세 배 사람
들이 기쁜 마음을 이기지 못하여 다투어 창면(艙面)에 올라
가 자세히 바라본즉 과연 언덕이 보이거늘 조금 있다 배를
언덕에 대고 국기를 높이 달고 방포하며 육지에 내린 후에
120인이 함께 콜럼버스를 향하여 그 신명함을 무수히 치
하하고 그 지방을 사탐하니 예부터 인적 부도처일러라
　　그 후로 구라파 백인종들이 많이 들어가 사는데 토지를 개
척하고 인물이 번성하니 이것은 곧 남북 아메리카라 그곳
사람들이 지금까지 콜럼버스의 사업을 칭송하지 않는 이
가 없고 그 굉장한 명예가 태서 각국에 전파하였으니 일로
좇아 보건대 동양 사람의 말에 땅이 모가 있다는 것이 어
찌 어리석지 않으리오 근일에 지구(地球) 덩이와 지구 그림
과 지리전지라 하는 글이 더러 전파되었으니 좀들 궁구하
여 보시오[24]

　　다소 길지만 전체를 가져온 이유는 이 내용들이 이하에서 콜
럼버스 관련 텍스트를 다루는 데 일종의 기준점을 제공해주기
때문이다. 상기『독립신문』기사뿐 아니라 콜럼버스의 업적이

---

24)「논설」,『독립신문』, 1899.11.18., 1면. 이하 인용문의 괄호 속 내용, 띄어쓰기,
현대어 윤문은 인용자에 의한 것이다.

나 생애를 비중 있게 다루는 대부분의 글은 크게 두 가지 국면으로 구성되어 있다. 하나는 콜럼버스가 첫 번째 항해를 떠나기 전까지의 고투 과정(①)이고 나머지 하나는 본격적인 항해 이후의 일화들(②)이다. 미루어 짐작할 수 있듯 ①에서는 보통 신항로 개척을 향한 그의 비전과 이를 실현하기 위한 불굴의 노력 및 인내심 등이, ②에서는 온갖 급박한 상황에 대처하는 그의 기지와 용기, 대처 능력 등이 강조된다. 물론 ①과 ②의 모든 고난은 '대발견'이라는 위업으로 보상된다.

그런데『독립신문』의 기자는 여기서 특별히 콜럼버스의 인내심이나 도전정신, 지혜 등을 강조하지 않는다. 오히려 내용의 시작과 끝을 보건대 "땅에 모가 있다는 것"을 여전히 믿고 있는 동양인의 학문 수준을 지적하고 이미 전파되어 있는 과학적 지식을 속히 습득할 것을 촉구하는 데 방점이 있었다. 이러한 메시지에서 알 수 있듯, 위 기사는 사실과 다른 정보, 즉 콜럼버스의 신화화된 면모를 곧이곧대로 수용하고 있다는 점에서 문제적이기도 하다.

『독립신문』에 나타난 콜럼버스 신화는 두 가지 허구적 사실에 바탕을 두고 있었다. 첫째, 콜럼버스의 시대에 동양인뿐 아니라 유럽인들까지 지구가 평평하다거나 유럽 바깥에 다른 국가가 없다고 믿고 있었다는 것이다. 물론 이는 낭설이지만 콜럼버스의 위엄은 한껏 강조될 수 있었다.

둘째, 콜럼버스가 애초부터 "대서양 밖에도 큰 육지가 또한 있을 것을 의심 없이 믿"었다는 신화이다. 인용문에서는 그의 항해가 애초에 "새 땅"을 발견하기 위한 것이었다는 전제를 의심 없이 수용할 뿐 궁극적인 목적지였던 유라시아 대륙의 동쪽, 곧 인도나 중국은 단 한 차례도 언급되지 않는다. "대서양 밖에도 큰 육지가 또한 있을 것을 의심 없이 믿으나"는 "동서가 가히 통행할 만할 것을 깨다를 뿐 아니라" 다음에 위치한다. 즉, 이 기사에서 둘은 별개의 가치로 구분된다. 서향하여 동에 도착할 수 있다는 것은 첫 번째 신화, 즉 지구가 둥글다는 것을 먼저 깨달은 콜럼버스의 비범함과 인과관계에 있다. 그런데 이에 더하여 콜럼버스는 신대륙이 존재하고 있다는 것도 이미 믿었다는 것이다. 물론 이것은 사실과 어긋난다. 익히 알려졌듯 콜럼버스는 금과 향신료가 풍부한 아시아를 목적지로 삼고 새로운 항로를 개척한 것이었다. 우연히 당도한 아메리카를 아시아의 동편이라 믿으며 원주민을 인도인(Indian)이라고 지칭한 촌극 역시 그가 처음부터 대서양 밖의 다른 육지, 즉 신대륙 발견을 의도했다는 신화를 정면으로 부정한다. 이 두 가지 잘못된 정보에 기반한 신화적 요소가 한국어로 그의 활약을 상술한 가장 초기의 기사에 고스란히 반영되어 있다는 사실은 의미심장하다.

한 가지 흥미로운 점은 『독립신문』 기사의 콜럼버스 고유명

사 표기가 "가륜포"라는 것이다. 이는 동시대에 중국에서 주로 사용하던 '哥崙布/哥崙布/哥倫布'를 국문으로 음역한 것이다. '가륜포'가 당시 콜럼버스의 공식적인 중국어 표기라는 점은 오야마 사분지(小山左文二)가 저술한 『日語讀本: 漢譯對照』(三松堂書房, 1907)의 34~35장의 제목 "コロンブス(哥崙布)"에서 단적으로 드러난다. 이 책은 목차의 챕터명에 일본어를 제시하고 그에 상응하는 중국어를 괄호로 병기하였으며, 본문에서는 상단에 중국어 문장을, 하단에 일본어 문장을 함께 수록하였다. 중국의 지식인 중 19세기 말에서 20세기 초에 가장 많은 분량의 문장을 작성했다고 보아도 무방한 량치차오의 경우, 대개 '哥崙布'를 사용했다. 참고로 콜럼버스의 현대 중국어 공식 표기는 '哥倫布'다.

『독립신문』의 1면 논설에 관여했을 영국인 주필 엠벌리가 중국 문헌을 참조한 것은 일견 낯설어 보인다. 하지만 19세기 중후반은 중국에서 영어권 선교사들이 서양서를 번역한 한적(漢籍)이 활발히 출판되던 시기이기도 하다. 양일모에 의하면 이 시기는 "2차 아편전쟁에서 중국이 패한 이후 서양 선교사들의 중국 내 선교활동, 여행, 항해의 자유가 보장되어 그들의 활동이 왕성하게 전개된 시기이며, 한편으로 서양 열강의 군사적 힘에 대한 방어 의식에서 청조 국가가 직접 서양 학술의 번역에 착수하게 되는 시기이다."[25] 『독립신문』의 기사가 콜럼버스에 관한 전문적인 정보는 아니었던 만큼, 엠벌리 역시 이미 중국어로 번역되어 있던 독본의 일부를 참조했을 가능성이 크다. 이는 논설의 기자가 주필 엠벌리가 아니었더라도 마찬가지다. 『독립신문』 시기에 간행되었으며 이 신문과도 간접적인 연관성이 있는 『대조선독립협회회보』 역시 상당 분량은 중국 문헌을 저본으로 삼고 있었다.[26]

그런가 하면, 앞서 『대조선독립협회회보』 기사의 경우 "고롬바쓰"를 사용했다. 이 표기는 필자 안명선이 일본어 자료를 참조했다는 사실을 나타낸다. 안명선은 번안소설 『금수회의록禽獸會議錄』(광학서포, 1908)으로 유명한 안국선이 일본 유학 시절 사용했던 이름이다. 「북미합중국의 독립사를 열하다가 아대조선국독립을 논함이라」를 쓴 1897년은 그가 이미 게이오의숙을 졸업한 시점이므로 일본어 문헌을 충분히 활용할 수 있었다. 이렇듯, 『대조선독립협회회보』와 『독립신문』의 두 기사는 동아시아 번역장을 경유한 한국어 지식 수용의 두 가지 역로譯路를 그대로 내포하고 있었다.

---

25) 양일모, 「근대 중국의 서양학문 수용과 번역」, 『시대와 철학』 15(2), 한국철학사상연구회, 2004, 126쪽.
26) 임상석, 「『대조선독립협회회보』의 취지와 구성 -조선의 독서인을 위한 세계의 정보」, 『Journal of Korean Culture』 59, 한국어문학국제학술포럼, 2022 참조.

5 『유몽천자』·『그리스도신문』의 콜럼버스

제임스 게일(James S. Gale, 1863-1936)이 이창직과 편찬하여 1901
년에 초판을 낸『유몽천자牖蒙千字』는『대조선독립협회회보』나
『독립신문』과는 양상이 다르다.[27] 이상현이 추정한「고롬보스
의 아미리가신점득亞美利加新占得」의 저본은『아일랜드 국립교과
서 총서』2-1권("The History of Columbus, and His Discovery
of America", *Sequel to the Second Book of Lessons, for the
Use of Schools*, R. & A. Miller, 1859)이다.[28] 다만 텍스트를 검
토해 본 결과 차이가 큰 편이라 별도의 영문 저본이 존재했을
가능성이 크다. 어쨌든 게일은 중국이나 일본어 문헌을 경유하
지는 않은 셈이다. 이로써 한국의 콜럼버스 지식 수용은 또 하
나의 축을 염두에 둘 필요가 생긴다.

---

27) 이상현·임상석·이준환,『유몽천자 연구: 국한문체 기획의 역사와 그 현장』,
역락, 2017, 158쪽.
28) 이상현·임상석·이준환, 앞의 책, 188쪽.

학생의 한자·한문 교육용 교과서로 계발된 『유몽천자』는 과학, 지리, 역사, 문학 등 다양한 읽을거리를 수록하였다. 권4로 구성된 『유몽천자』의 권2에는 콜럼버스 전기 「고롬보스의 아미리가신점득亞美利加新占得」이 8개의 챕터에 걸쳐 실려있었다(9~16과). 단일 주제로는 『유몽천자』에서 가장 많은 분량이었던 만큼, 『독립신문』의 기사와 비교할 때도 훨씬 풍부한 내용을 담아내고 있다.

〈그림 7〉 제임스 게일과 『유몽천자』, 『그리스도신문』

게일은 『유몽천자』에서 멈추지 않았다. 『유몽천자』의 초판이 간행된 1901년을 넘기기 전, 「고롬보스의 아미리가신점득」을 그대로 『그리스도신문』에 연재했기 때문이다. 「고롬보스」로 제목을 변경한 이 기사는 1901년 9월 12일부터 10월 10일 사이 4회에 걸쳐 실렸다. 중요한 것은 한자 교육을 위해 국한문체로 작성되었던 『유몽천자』와 달리 이번에는 『그리스도신문』의 기본 문체인 순국문체로 게재되었다는 점이다. 말하자면 게일의 의한 내부 번역인 셈이다. 게일은 「고롬보스」의 신문 1회 연재 의 첫 부분에 괄호로 "유몽천자 이권"이라 붙였고, 2회부터 4회 까지의 첫 부분에는 "유몽천자 이권 전호련속"라 하며 기사의 출처가 『유몽천자』라는 점을 명확히 했다.

세일이 『유몽전사』에 수록한 텍스트를 『그리스도신문』에 다 시 활용한 것은 비단 「고롬보스」만이 아니었다. 예를 들어 「머 사현몽」(『그리스도신문』 1901.8.29.~9.5 : 『유몽천자』 2권 1~3 과), 「모뒤거져가 그 쥬인의게 복종함」(1902.5.5.) : 『유몽천자』 3권 12~13과) 「그루소의 흑인을 엇어 동모함」(1902.5.8,) : 『유 몽천자』 3권 16~17과) 등이 있었다.[29] 단, 저본 자체가 『유몽천 자』에서 가장 분량이 많은 콘텐츠였기에 순국문으로 재번역하 는 데 투입되었을 노력도 가장 클 수밖에 없었다. 게일의 입장 에서도 경신학교의 교과서로 기획한 『유몽천자』의 국한문체보 다는 한자어가 걸림돌이 되지 않는 『그리스도신문』의 순국문 체가 훨씬 널리 읽히리라 기대했을 것이 분명하다. 국한문체로 번역된 텍스트를 다시 순국문체로 번역한 사례는 대한제국기 에 빈번하게 출현했는데, 이러한 작업에는 당연히 독자층의 확

---

29) 이상현, 「한 개신교선교사 바라본 20세기 한국어문학장과 번역 -게일(James Scarth Gale)의 문체기획과 한국어 강좌를 중심으로」, 『춘원연구학보』 20, 2021, 86쪽.

대를 겨냥한 번역자의 의지가 반영되어 있었다.[30] 이를 통해 번역자에게 해당 텍스트의 의미가 각별했다는 사실도 미루어 짐작할 수 있다. 그래서인지 「고롬버스」는 「고롬보스의 아미리가신점득」를 거의 정확하게 옮겨낸 결과물이었다. 일부 누락된 구절이나 단락 구분이 다른 지점도 있었지만 유의미한 차이는 아니다.

그렇다면 게일에 의해 국한문체와 순국문체로 모두 유통된 콜럼버스 전기는 어떤 내용으로 구성되어 있었을까. 〈표 2〉를 살펴보자. 미리 알려두자면, 게일은 거의 『유몽천자』두 과 분량을 신문의 한 회 연재분으로 옮겼지만, 신문의 첫 연재와 세 번째 연재의 경우 두 과를 약간씩 초과했다. 〈표 2〉에서 『그리스도신문』의 해당 지점 경계선이 어긋나게 표시한 이유다.

---

30) 손성준, 「대한제국기, 세계를 번역하다-번역하는 주체의 탄생과 한국근대문학사」, 『상허학보』 63, 상허학회, 2021, 236~237쪽.

	『유몽천자』, 「고롭보스의亞美利加新占得」	『그리스도신문』, 「고롭보스」
권2 제9과(1)	콜럼버스의 출생과 유년기 교육 경험 / 베니스 해전 참관 후 배에 관심을 갖게 된 것과 전쟁 상황에서 생존한 일 / 서쪽으로 향하면 아시아에 도달할 수 있다고 포르투갈 왕에게 진언하지만 포르투갈은 콜럼버스에게 알리지 않고 은밀히 배를 보냄	1901년 9월 12일
권2 제10과(2)	며칠 후 너무 멀어서 불가능하다고 답하는 포르투갈 / 아내가 죽고 고향으로 돌아감 / 서쪽으로 향하면 인도에 갈 수 있다는 말에 미친 사람 취급받음 / 스페인으로 가서 어린 자식과 힘들게 보내다가 콜럼버스의 주장에 동조하는 신부의 도움으로 수도원에서 유숙함	
권2 제11과(3)	베레스 신부가 페르난도 왕과 이사벨라 여왕 앞에서 항해 지원의 필요성을 호소할 기회를 만들었으나 무어인과의 전쟁 때문에 실현되지 않음 / 멘도사가 이학자와 대주교 등으로 구성된 위원회에서 콜럼버스의 주장을 검토할 기회를 마련함 / 위원들과 논전을 펼치는 콜럼버스	1901년 9월 26일
권2 제12과(4)	위원들의 격렬한 반대에 부딪힘 / 7년의 세월 동안 왕비에게 설명하며 기다려온 콜럼버스 / 낙심하여 그라나다로 떠나려 하던 차에 그것을 알게 된 콜럼버스의 친구가 세상의 이익을 위해 콜럼버스를 지원해달라고 왕비에게 간언함 / 왕비가 사람을 보내어 콜럼버스에게 지원을 약속함	
권2 제13과(5)	1차 항해의 시작 / 함대의 편성 소개 / 베레스 신부의 축복 기도 / 경유지 카나리아 제도 도착 / 다시 서쪽으로 출발	1901년 10월 3일
권2 제14과(6)	항해가 길어질수록 불안에 동요하는 함장과 선원들 / 목적지 인도의 풍요로움을 강조하는 콜럼버스 / 더욱 동요가 거세지자 이제 목적지가 머지 않았다는 점을 설명하며 선원들의 반발을 진정시키는 콜럼버스	
권2 제15과(7)	표류하는 잡초와 따뜻해진 기후를 통해 육지가 가까워졌음을 알게 된 함대 / 섬에 상륙하여 원주민과 조우함 / 섬의 이름을 산살바도르라 지음 / 원주민들이 콜럼버스 일행을 대접함	1901년 10월 10일
권2 제16과(8)	섬을 둘러보며 낙원과 같은 느낌을 받음 / 쿠바섬에 도착하여 이곳 사람들을 인도인이라고 착각함 / 히스파니올라섬에 도착하여 원주민의 환대를 받음 / 섬에 거점을 만들의 일행 일부를 남겨두고 귀국 길에 오름 / 아소섬을 통과하다가 난파의 위기에 처함 / 가까스로 유럽에 도착함 / 콜럼버스가 신항로 개척에 성공한 소문이 널리 퍼짐 / 데려온 원주민, 토산물, 금 등이 그들의 성공을 증명함	

〈표 2〉『유몽천자』·『그리스도신문』의 콜럼버스 전기

『유몽천자』나『그리스도신문』의 콜럼버스 전기 역시『독립신문』의 기사처럼 콜럼버스의 항해 준비 과정(①)과 항해 이후(②)의 비중이 거의 절반씩으로 분배되어 있음을 알 수 있다. 즉,『유몽천자』기준 (1)에서 (4)까지, 그리고『그리스도신문』연재 전반 2회분이『독립신문』의 ①에, 나머지『유몽천자』(5)에서 (8),『그리스도신문』후반 2회분이『독립신문』의 ②에 해당한다. 다시 말해 전체적 구도는『독립신문』과 신문대동소이하다. 단, 분량이 많은 게일 판본의 일화들이 더욱 구체적이고 풍부하다는 점을 지적할 수 있겠다.

그렇다면『유몽천자』·『그리스도신문』의 콜럼버스 전기는 전술한『독립신문』에서 등장한 콜럼버스 신화적 형상을 어떻게 처리했을까? 번역의 경로가 달랐던 게일이기에 어쩌면 다른 성격을 보여줄지도 모를 일이다. 하지만 이러한 가설은 첫 대목에서부터 부정된다.

400여 년 전에 선장 한 명이 있으니 비로소 지구의 형태가 어떠함을 제출하여 세상 사람들 중 지면이 평평하다 하는 자를 대할 때마다 배척하여 "서쪽을 향해 가더라도 능히 동양에 도달한다."라고 말하는 독립의 기운이 있는 자로, 이탈리아 제노아에서 태어나고 자랐다.(四百餘年前에船長一人이有하니비로소地球의形이如何함을提出하여世人

들의 地面이 平坦하다하는 者를 對할 時마다 背斥하여日 西向
하고 去할지라도 能히 東洋에 抵達하겟다하는 獨立氣가 有한
者ㅣ니이다리아제노아에서 生長하니라)[31]

『유몽천자』역시『독립신문』의 도입부와 동일한 방식, 즉 콜
럼버스를 제외한 유럽인들이 여전히 지구가 평면이라고 믿고
있었다는 신화로부터 논의를 시작한다.『유몽천자』의 경우 콜
럼버스가 유럽의 서쪽에 새로운 대륙이 있을 거라 처음부터 믿
었다는 두 번째 신화까지 관찰되진 않는다. 그러나 첫 번째 신
화에 대해서는『독립신문』보다 훨씬 많은 분량을 할애하여 갖
가지 일화와 설명을 덧붙이고 있었다. 〈표 2〉에서「고롬보스의
아미리가신점득」기준 (3)의 마지막인 '위원들과 논전을 펼치
는 콜럼버스'와 (4)의 처음인 '위원들의 격렬한 반대에 부딪힘'
은 당대의 지식인들이 예외 없이 지구평면설을 고집하며 콜럼
버스를 몰아붙이는 대목이다. 다음은 논전의 내용이 얼마나 구
체적이었는지를 잘 나타낸다.

　　개회하고 묻기를 "우리들이 들어보니 당신이 서쪽으로 향
　　하여도 동쪽에 도착한다는 문제를 만나는 사람마다 말하

31) 『牖蒙千字 卷之二』, 大韓聖敎書會, 1904, 15쪽. 현대어 번역은 인용자.

고 다닌다고 하니 그러한가?" "그렇다." 또한 묻기를 "천하에 어찌 그런 이치가 있으리오. 괴상하고 허탄한 이야기는 어느 시대에나 있었겠지만 당신의 이야기와 같은 것은 미친 소리라. 금시초문이니 군은 과연 미친 사람[狂客]이로다." 콜럼버스가 말하길 "옛 학자 중에도 땅이 둥글다는 설을 집필한 사람이 있으니 과연 그 말이 맞다면 서쪽으로 향하여도 동쪽에 도착하는 이유가 합당하지 않겠는가?" 대주교가 말하길 "어찌 둥근 이치가 있으리오. 땅이 둥글다 하는 설은 성경의 현묘한 이치를 반대함이니 이사야서에 '주께서 하늘을 펼치사 천막과 같게 하셨다.'라고 하셨으니 평지가 된 후에야 펼칠 수 있으리라." 콜럼버스가 말하길, "눈으로 보는 달과 별도 둥글거든 땅만 유독 둥글지 않다고 하겠는가." 붉은 옷의 주교가 물으며 말하길 "땅이 공과 같은즉 무슨 물건으로 버틸 수 있으리오." 답하여 말하길 "해와 달이 붙든 것은 무슨 물건이오." 하였다.(開會하고 問曰吾等이 聞하니 君이 西로向하여도 東에 徂한다는 問題를 逢人則說한다하니 然하뇨 曰然하다 又 問曰天下에엇지 如此한 理가 有하리오 怪常하고 虛誕한 說이 何代에 無하리오마는 君의 說話와갓함은 狂言이라 今始初聞이니 君은 果是 狂客이로다 고롬보스 曰古昔에 哲學士中에도 地가 圓하다는 說을 著한者ㅣ有하니 果若其言이면 西로向하여도 東에 徂하는

理由가足치아니하리오大主教曰엇지圓한理가有하리오地
가圓하다하는說은聖經의玄妙[玅]한理를反對함이니以賽
亞曰主께서天을布하사幬와如하게하섯다하엿스니平地가
된後에야可以布하리라고롬보스曰覩하는星月도圓하거
든地가惟獨圓치아니하리오紅衣主教가問하여曰地가毬와
若한則何物노撑하리오答曰日月의撑한거슨何物이뇨하니
라)[32]

이어지는 내용에서 위원회의 학자나 주교는 현대인의 관점
에선 말도 되지 않는 이유들을 대며 결국 콜럼버스의 주장을
묵살한다. "이때 학자 중의 한 명이 말하길 '일언이폐지하고 땅
이 둥글다 하는 말은 실로 세상 물정 모르는 소리로다. 파리가
천장에 붙은 것같이 산 사람이 어찌 거꾸로 매달려 있으리오.'
하니, 이 말을 마치고 혹자는 '수목樹木도 그러하겠도다.' 하며
혹자는 '만일 그런즉 우물물도 뒤집힐 것이다.'라고 말하였다.
주교 한 명은 '설혹 땅이 둥근 줄로 헤아린다 해도 이쪽 편을 따
라가면 그 후에 돌아올 때는 묘연할 것이다. 배가 어찌 산을 넘
어가리오. 낭설이다.'라고 하니, 스페인의 학자들이 이 말로 콜
럼버스의 의견을 타파하려 하였다."[33] 그로 인해 콜럼버스는 다

---

32) 위의 책, 19~20쪽. 이하 원문은 생략한다.
33) 위의 책, 21쪽.

시 기약 없이 시간을 허비하며 기다릴 수밖에 없었다. 이러한 세부적이고 그럴듯한 일화들은 독자들이 무지하고 아집으로 가득한 학자들을 비난하게 하는 동시에 온갖 핍박 속에서도 꿋꿋했던 콜럼버스에게 전폭적인 지지를 보내는 효과를 낳았을 것이다.

'땅이 둥글다'와 '서쪽을 향해도 동쪽에 이른다'는 표현은 게일의 판본 내내 지속적으로 등장하며 그의 텍스트의 핵심이 어디에 있는가를 명확히 하였다. 오직 그만이 서향西向하여 '인도'에 도달 가능하다는 주장을 펼친 점이 꾸준히 강조되는 만큼 "콜럼버스의 속마음에는 정녕히 새 육지 얻을 것을 믿되"와 같은 '두 번째 신화'는 게일 판본에 설 자리가 없었다. 그러나 게일 판본에는 『독립신문』에는 존재하지 않는 '세 번째 신화'가 등장한다. 바로 그의 항해가 범인류적 이타성을 가지고 있었다는 설정이다.

써드안딜이라 하는 친구가 공(公)이 불평하는 마음을 품고 때를 얻지 못함을 개탄하는 모양새로 성에서 나가는 것을 발견하고, 궁 중에 들어가 아뢰어 말하길 "과연 선장의 말과 같다면 어찌 세계에 크게 유익할 일이 아니오리까" 하므로 왕비 이사벨라가 "그의 소원을 이루게 하리니 땅이 둥글다는 말과 서쪽으로 향하여도 동쪽에 도달할 이치

51

가 정녕 그렇다고 크게 말해오더니 성사할 기회를 얻었나 보다."하고 여러 개의 보석을 담보로 맡겨 여비를 준비하고 돌아올 것을 청하라고 하였다.[34]

이는 오랜 기다림에 지쳐 스페인을 떠나려던 콜럼버스를 목격한 친구가 이사벨라 여왕을 찾아가 설득하는 장면이다. "世界에 大有益"과 같은 수사는 허구일 수밖에 없다. 콜럼버스의 신항로 개척도, 그것을 지원한 스페인 왕실도 결국에는 자신의 명예나 지위, 무엇보다 경제적 이윤을 목표로 삼고 있었기 때문이다. 이를테면 콜럼버스는 항해 전 스페인 왕실과의 흥정을 통해 다음의 계약을 체결했다. "첫째, 스페인의 부부 왕을 콜럼버스를 앞으로 그가 발견할 모든 섬과 육지의 통치자로 임명한다. 둘째, 콜럼버스를 그가 발견한 영토의 부왕 및 총독으로 임명한다. 셋째, 콜럼버스는 그 지역에서 생산되는 금, 은, 진주, 보석, 향신료의 10분의 1에 대한 권리를 가진다. 넷째, 그 지역의 상품과 그에 관련된 소송에 대해서는 콜럼버스나 그의 대리인이 관할한다. 다섯째, 콜럼버스에게 그 지역에 정박하는 모든 선박에 대해 이윤의 8분의 1을 세금으로 거둘 수 있는 권리를 부여한다."[35]

---

34) 위의 책, 21~22쪽.
35) CCTV 다큐멘터리 대국굴기 제작진, 『대국굴기, 강대국의 조건 -포르투갈 ·

그러나 『유몽천자』의 콜럼버스는 망망대해 속에서 동요하는 선원들을 향해 "우리는 의연히 목적을 변치 말고 대장부의 사업을 이루며 명성이 죽백竹帛을 통해 천추만세千秋萬歲에 전해져 썩지 않을 것이 어찌 불가능하겠는가."[36]라며 대대로 추앙될 그들의 위업을 이미 예감하는 듯한 연설까지 펼친다. 실제 전해오는 콜럼버스의 항해록에서 이러한 포부를 담은 내용은 발견되지 않는다. 비슷한 국면을 찾아본다 해도, "더 이상 견디지 못한 선원들이 마침내 장기간의 항해에 대해 불평을 늘어놓기 시작했다. 인디아스에 도착할 경우 앞으로 누리게 될 혜택에 큰 기대를 갖도록 이야기하면서 온 힘을 다해 그들을 격려했다. 또한 인디아스를 찾아서 떠나온 이상, 주님의 보살핌으로 인디아스에 도착할 때까지는 항해를 계속할 수밖에 없으므로, 아무리 불평해도 소용없는 일이라고 덧붙였다."[37] 정도일 뿐이다. "천추만세"에 이어질 그들의 명성이 동기부여가 될 일은 없었던 것이다. 그렇다면 누군가가 많은 허구를 가미한 결과로 이러한 콜럼버스의 신화가 널리 통용되었다는 결론이 쉽게 도출된다.

스페인』, 안그라픽스, 2007, 60쪽.

36) 『牖蒙千字 卷之二』, 大韓聖敎書會, 1904, 25쪽.

37) 크리스토퍼 콜럼버스, 이종훈 역, 「10월 10일」, 『콜럼버스 항해록』, 서해문집, 2004, 39쪽.

『유몽천자』와 콜럼버스 항해록의 간극을 차치하더라도, 영어 문헌에 근간한 게일의 판본이 오히려『독립신문』의 콜럼버스 기사보다 '친親신화적'이라는 사실은 충분히 알 수 있다. 무엇보다 반복적인 대화로 구성된 상기 여러 인용문들은 이 전기적 기록이 거의 소설에 가까운 것이었음을 충분히 암시해준다.

〈그림 8〉 *A History of the Life and Voyages of Christopher Columbus*와 워싱턴 어빙

　콜럼버스의 이미지를 주조하고 그 신화성을 유포하는 데 가장 결정적 역할을 한 인물은 워싱턴 어빙(Washington Irving, 1783~1859)이다.[38] 이 미국인 작가가 1828년에 출판한 *A History of the Life and Voyages of Christopher Columbus*는 소설적 상상력으로 가득했다. 언급했듯「고롬보스의 亞美利加新占得」

---

38) 주경철,『크리스토퍼 콜럼버스 -종말론적 신비주의자』, 서울대학교출판문화원, 2013, 46~47쪽.

의 저본은 "The History of Columbus, and His Discovery of America"으로 추정된 바 있으나 가능성은 낮다. 하지만 실제 저본이 또 다른 영어 텍스트인 이상, 어떤 원천 정보로부터 재구성되었을지를 거슬러 올라가면 역시 어빙의 저작에 가닿을 수밖에 없다. 『유몽천자』・『그리스도신문』판본에 있는 대화체 중심의 소설적 성격도 그렇거니와 다음과 같은 구체적인 상동성도 이를 뒷받침한다.

He was sent for a short time to Pavia, the great school of learning in Lombardy. Here he studied grammar, and became well acquainted with the Latin tongue. His education, however, was principally directed to those sciences necessary to fit him for maritime life. He was instructed in geometry, geography, astronomy, or, as it was at that time termed, astrology, and navigation.[39]

바비아로 이주하여 학교에 입학해 로마어와 기하학과 천문학과 항해술을 강구講究하여 속된 무리를 뛰어넘었더라.[40]

---

39) Washington Irving, *A History of the Life and Voyages of Christopher Columbus*, LONDON: John Murry, Albemarle-Street, 1828, pp. 8~9.
40) 『牖蒙千字 卷之二』, 앞의 책, 15쪽. 게일의 영문 저본을 입수하지 못하여『유

55

『유몽천자』의 '바비아'라는 지명, '로마어', '기하학', '천문학', '항해술'은 각기 'Pavia', 'Latin tongue', 'geometry', 'astronomy', 'navigation'과 일치할 뿐 아니라 배치의 순서도 거의 동일하다.[41] 분량의 편차는 있지만 약 500페이지짜리 책 4권에 이르는 *A History of the Life and Voyages of Christopher Columbus*의 볼륨[42]을 고려하면 납득할 만하다. 어빙의 저작이 미친 영향은 게일 판본에만 그치지 않고『독립신문』의 기자가 참조한 중국어 문헌에도 각인되어 있을 터였다. 이로써 한국에서 수용한 콜럼버스의 초기 전기물에 해당하는『독립신문』과 게일 판본의 특징, 그리고 그 신화적 속성들의 첫 발원지에 대해서도 살펴보았다.

몽천자』와 직접 비교해보았다.

41) 'geometry'과 'astronomy' 사이에 있었던 'geography'가 옮겨지지 않은 것만이 차이점이다.

42) 런던 출판본 기준이다.

6 일본어를 매개로 한 콜럼버스 수용과 『오위인소역사』

　『오위인소역사』는 1907년 5월 보성관(普成館)에서 출판된 책으로, 번역자는 이능우이다. 이 책은 몇 가지 특징이 있다. 첫째, 이를 '전기물'로 분류한다면, 단행본 번역 전기 중 최초의 것이 된다. 현재까지 확인된 바에 의하면 단행본 전기물의 번역은 1907년부터 동시다발적으로 등장하기 시작했다. 그중 『오위인소역사』의 발간 시점인 5월은 두 번째인 박은식의『서사건국지瑞士建國誌』(대한매일신보사, 1907.7)보다 근소하게 앞서 있다.

　둘째,『오위인소역사』는 당대의 다양한 단행본 전기물 중 유일하다고 할 수 있는 소전小傳 모음집이다.『오위인소역사』는 다섯 인물의 일대기를 압축하고 선별된 일화에 집중하는 형태를 취한다. 당시 한국의 전기 서적류에는 다섯 명은 물론이고 복수複數의 주인공을 담고 있는 서적조차 찾기 어렵다.

　셋째, 번역자 이능우는 본문 첫 면에 "佐藤小吉 著 / 李能雨 繹"이라 하여, 일본인 원저자 사토 쇼키치佐藤小吉라는 이름을 밝혀두었다. 이 역시 당시 번역물로서는 일반적이지 않았다.『五偉人小歷史』의 출판사인 보성관 전체 단행본을 보더라도 대부분이 번역서인 50여 권 중 원저자를 명기한 경우는『오위인소역사』와 더불어『월남망국사越南亡國史』,『외교통사外交通史』,『초등이화학初等理化學』정도에 그친다.[43] 물론 1900년대 번역물의 전체상을 따져보면『서사건국지瑞士建國志』,『애급근세사埃及近世史』,『애국정신愛國精神』,『보토사국후례두익대왕칠년전사普魯士國厚禮斗益大王七年戰史』등 저자명이 표기된 경우도 더러 포착되지만, 그렇지 않은 경우가 주류였다는 것은 분명하다.

이능우의 번역 경로처럼, 콜럼버스 관련 지식의 수용에서는 일본어 문헌을 경유한 사례가 다수 확인된다. 특히 대한제국기에 일본에서 유학하던 한국인 학생이 유학생 단체의 학회지에 번역 연재한 콜럼버스 전기 3종을 언급할 필요가 있다. 각각의 서지사항과 일본어 저본을 미리 소개하면 다음과 같다.

---

43) 보성관 발행 서적의 정리는 권두연,「보성관의 출판 활동 연구—발행 서적과 번역원을 중심으로」,『현대문학의 연구』44, 한국문학연구학회, 2011, 21~23면 참조.

제목	번역자	출판	발표시기	저본
클럼버스傳	박용희	『태극학보(太極學報)』, 3~4호	1906. 10~11	桐生政次, 『閣龍』, 博文館, 1899(世界歷史譚; 第10編)
哥崙布傳	정석용	『대한학회월보(大韓學會月報)』, 1~2호	1908.2~3	北村三郎, 『世界百傑伝 巻1』, 博文館, 1890
閣龍	미상	『대한흥학보(大韓興學報)』, 1호	1909.3	アーヴィング 著, 森本駿 譯, 『閣龍』, 青木嵩山堂, 1893

〈표 3〉 일본어에서 번역한 대한제국기의 콜럼버스 전기 3종

『태극학보』는 도쿄의 한국인 유학생 단체 태극학회의 기관지이고, 『대한학회월보』와 『대한흥학보』는 각각 유학생 연합단체인 대한학회와 대한흥학회의 기관지이다. 박용희, 정석용, 그리고 역자를 알 수 없는 또 한 명의 유학생은 일본 현지에서 직접 확보한 일본어 콜럼버스 전기를 저본 삼아 자신이 속한 학회의 잡지에 한국어 콜럼버스 전기를 소개한 것이다.

〈그림 9〉 『태극학보』, 『대한학회월보』, 『대한흥학보』의 표지

이 콜럼버스 전기들의 번역자들은 이능우와 달리 아무도 일본어 저본의 정체를 공개하지 않았다. 상기 표의 저본 정보는 텍스트 대조 작업을 거쳐 이 책에서 직접 밝힌 결과일 뿐이다. 태극학회, 대한학회, 대한흥학회는 비슷한 시기에 활동한 세 유학생 단체이기에 크고 작은 접점이 있을 수밖에 없음에도 불구하고 세 콜럼버스 전기의 저본이 모두 다른 것도 주목할 만하다. 또 한 가지 독특한 것은 상기 3종의 콜럼버스 전기 연재가 저본의 정보를 충분히 활용하지 않고 1회나 2회 연재로 종료되어 버렸다는 사실이다. 그나마 완결의 형태를 갖춘 것은 『태극학보』의 「클럼버스傳」 하나이고 『대한학회월보』의 「哥崙布傳」과 『대한흥학보』의 「閣龍」은 아예 미완으로 종결되어 버렸다. 2회로 완결한 박용희의 번역물조차도 저본인 키류 세이지桐生政次의 『閣龍』(博文館, 1899)의 제한적인 정보만을 압축하여 활용했을 뿐이다(이 『태극학보』의 전기는 이 책의 부록으로 전문을 제시하였다).

〈그림 10〉 『태극학보』, 『대한학회월보』, 『대한흥학보』의 표지

한편, 이능우가 사토 쇼키치라는 저자 정보를 밝힌 사실이 더욱 흥미로운 이유는, 제목을 아예 새로 지었다는 데 있다. 조사 결과『오위인소역사』의 저본은 사토 쇼키치의『소년지낭 역사편少年智囊 歷史篇』(育英舍, 1903.3)이었다. 재차 말하자면『소년지낭 역사편』이 번역 후에는『오위인소역사』가 된 것이다.『소년지낭』은 일본의 출판사 육영사(育英舍)의 소년 독자용 총서의 명칭이었다. 이를테면『소년지낭 군사편』,『소년지낭 물리편』이 별도로 존재했고, 각각의 필자 역시 달랐다. 그중 하나로 기획된『소년지낭 역사편』이었기에 이 제목을 그대로 딸 경우, 정작 이 서적의 내용에 기반한 직관적인 설명과는 거리가 멀어지는 셈이었다. 이하의 설명에서 잘 드러나겠지만『오위인소역사』는 오히려 다섯 인물의 상품으로서 당시의 번역 문화에서 제목 자체를 이 정도 수준으로 변경하는 경우는 드물다. 이는 원저자를 명확하게 밝힌 것과는 분명 상충되는 태도이다.

『오위인소역사』는 제목 그대로 5인의 서양 '위인'을 다룬다. 책의 목차에는 "五偉人小歷史目錄"이라 하여, '亞歷山大王, 閣龍, 華盛頓, 涅爾遜, 彼得大帝'의 이름이 기재되어 있다. 콜럼버스는 두 번째에 배치되었고(閣龍), 나머지는 순서대로 고대 마케도니아의 알렉산더 대왕(Alexandros the Great, BC 356~BC 323), 미국 초대 대통령 조지 워싱턴(George Washington, 1732~1799), 영국의 해군 제독 넬슨(Viscount Horatio Nelson, 1758~1805), 러시아의 표트르 대제

(Peter the Great, 1689~1725)다. 이 다섯 명의 이름이 주는 일반적 인상은 '서양사의 적자(適者)들'이라 할 만하다. 다시 말해『오위인소역사』는 곧 '강자 혹은 승리자의 역사'로 비춰질 여지가 다분하다.

그런데『오위인소역사』는 번역서였다. 즉,『오위인소역사』의 콜럼버스를 제대로 파악하기 위해서는 저본인『소년지낭 역사편』(이하『소년지낭』)의 성격이 어떠했는지, 그리고 그것이 번역과정에서 어떻게 수용되거나 변용되었는지가 관건이 된다.

〈그림 11〉『소년지낭』과 『오위인소역사』의 본문 첫 면

『소년지낭』은 다섯 명의 역사 인물들을 활용하여 일본 자체를 신화화하는 데 방점이 있는 독특한 텍스트였다. 예컨대 알렉산더를 소개하면서 부왕 필리포스의 시대에 그리스인들이 한마음으로 페르시아 군대에 대적한 것을 두고 원나라의 일본 침입에 빗대어 설명하는 부분이 등장하며, 알렉산더의 마케

도니아군이 페르시아 정벌 과정에서 벌인 결정적 전투를 일본 전국시대의 세키가하라 전투의 의미와 등치시키는 대목도 있다.[44] 결정적으로, 사토는 마지막 부분에서 알렉산더의 성정性情을 도요토미 히데요시와 비교하며 다음과 같이 서술해 두었다. 이러한 방식으로『소년지낭』에서 주인공 다섯 명의 존재 이유 및 그들의 국사國史에서 건져 올린 메시지들은 모두 일본이라는 공간으로 수렴되었다. 유럽 강대국의 역사를 알게 될수록 일본의 소년 독자들은 자국의 역사에 더 근접해갔다. 나아가 그 전체적 구성은 일본의 역사가 서양사의 주요한 사건들과 유사한 경험을 거쳐 현재에 이르렀다는 서사를 이루고 있었다. 주인공들은 일본이라는 공동체의 기억을 창출하고 공유하며 지속적으로 환기시켜줄 코드였다. 다시 말해『소년지낭』의 지향은 소년들의 일본인으로서의 정체성을 견고하게 하는 데 있었다. 정치의 개념을 보다 넓은 차원에서 적용한다면, 국사를 통해 국가의 신봉자를 길러내고 모범 국민의 자격을 위해 분투할 소년들을 준비시킨다는 점에서『소년지낭』이야말로 고도의 정치적 텍스트였다.

그렇다면 이러한 구도에서 콜럼버스는 어떤 맥락에 놓여 있었을까? 이미 언급했듯 콜럼버스는 이 책의 첫 번째 주인공인

---

44) 佐藤小吉,『少年智囊 歴史篇』, 育英舍, 1903, 8쪽, 12쪽.

알렉산더 대왕 다음 순서였다. 그렇다고 이들 5인이 단순히 생년이 빠른 순으로 소개된 것은 아니었다. 17세기에 출생한 표트르 대제가 18세기의 워싱턴이나 넬슨보다 나중에 배치되어 있기 때문이다. 따라서 콜럼버스의 이러한 배치는 나름의 우선순위를 인정받은 셈이었다. 두 번째 주인공 콜럼버스를 통해서는 알렉산더 편처럼 특정 인물이나 사건보다는 콜럼버스의 시대에 공존하던 역사적 공간으로서의 일본이 화두가 된다. 이를테면 다음과 같다.

> 여러분이 아시는 우리나라에 외적을 보낸 원이라는 나라의 칭기즈칸을 섬긴 가신 가운데 마르코 폴로라는 사람이 있었습니다. 이 인물은 이태리인으로 17년간이나 중국에서 관리로 근무했으며, 귀향길에는 아시아의 동해안을 따라 인도에서 페르시아만으로 건너가 바그다드와 콘스탄티노플을 통과하여, 선물로는 갖가지 진기한 보석과 비취옥이라든지 세인들에게 전혀 익숙하지 않은 물품들을 대량으로 가져왔습니다. 그리하여 말하길, "중국보다 더 동쪽에 '지팡구'라는 나라가 있어, 그곳의 다이묘의 가옥은 황금 널빤지로 지붕을 이었고 아름다운 꽃과 향기로운 꽃들이 많이 있으며 황금과 보석은 지천으로 많다."라고 했습니다. 마르코폴로의 지팡구라는 섬은 바로 우리 일본을

가리키는데, 이로써 우리나라가 서양에 널리 알려지기 시작한 것이라고 합니다. 마르코 폴로가 우리 지팡구에 대하여 대단히 재미있게 소개한 이래로 유럽인들의 마음에 너무도 자극을 주었으며, 항해술과 탐험을 하는 일이 대단히 유행했던 시대였으므로 누구라도 그런 섬은 한번 가고 싶다고 마음속에 생각지 않는 이가 없었습니다. 그러나 어느 곳에서 지팡구로 가느냐 하는 것이 어려운 것이었습니다. 아프리카 남안을 항해하여 가려 하면 타는 듯한 햇빛과 갖가지 위험한 상황을 만나지 않으면 안 되었고, 또 지금의 터키에서 아시아로 항해해 가려 하면 그 당시 투르크인들이 소아시아 지방에서 방해하였으므로 이 해로로도 항해할 수 없었습니다. 어찌하면 좋을지 생각하고 있던 차에 좋은 생각을 낸 인물이 있었습니다. 그가 콜럼버스였습니다.[45]

위 인용문에서 사토는 마르코 폴로의 일본(지팡구) 관련 서술에 기대어 나름의 상상력을 발휘하고 있다. 마르크 폴로에 의해 서술된 일본은 확실히 위 내용처럼 각종 보석으로 찬란하게 빛나며 막대한 재화를 자랑하는 곳이다. 그러나 항해로 개척의

---

45) 佐藤小吉, 앞의 책, 22~24쪽.

목적을 일본에 다다르기 위한 항해자들의 열망으로 진단한 것은 과한 해석이다. 사실 전체 232개의 챕터를 보유한『동방견문록』에서 일본 관련 내용은 단 한 장에 불과하며,[46]『동방견문록』에는 일본 이외의 여러 섬들 소개에서도 일본과 같은 방식의 묘사가 여러 차례 출현한다.[47] 그런데도 사토는 '지팡구' 관련 내용만을 편파적으로 활용하여 콜럼버스의 노력이 결국에는 일본으로 가기 위한 여정이었던 것처럼 포장하였다. 위의 내용 외에도 "콜럼버스도 이 시기에 소문이 퍼져있던 지팡구에 관해 궁리를 시작하여 서쪽으로 항해하면 그 극락 같은 지팡구에 도달하게 될 것이라고 생각했습니다."[48]와 같은 내용이 반복 등장한다. "콜럼버스는 한층 더 서쪽에 나라가 있음이 틀림없으며 그 나라는 지팡구라는 것을 믿어 의심치 않았습니다."(27면)나 "콜럼버스는 이 땅을 일본의 끝자락으로 생각했지만, 실은 잘못 생각한 것이었고"(36면)와 같은 대목들이 그것이다.[49] 결국 콜럼버스의 성취가 갖는 역사적 의의가 '서양이 일본으로

---

46)『동방견문록』은 다양한 사본이 있는 관계로 구성과 내용에 편차가 크다. 이 책에서 참조한 국역본(마르코 폴로, 김호동 역주,『마르코 폴로의 동방견문록』, 사계절, 2000)의 저본은 A.C.Moule & P.Pelliot의 집철, 교감본인 영역본 *The Description of the World*(London ; George Routledge & Sons Ltd., 1938)이다.

47) 마르코 폴로, 앞의 책, 428쪽, 440~441쪽, 444쪽 등.

48) 佐藤小吉, 앞의 책, 25~26쪽.

49) 佐藤小吉, 앞의 책, 27쪽, 36쪽.

가는 길을 개척해낸 것'이라는 해석이 가능해진 것이다. 〈콜럼
버스〉 편을 통한 사토의 의도는 곧 역사 속 일본이라는 공간의
이상화였다.

하지만 이능우가 번역한『오위인소역사』는『소년지낭』을 저
본으로 활용하면서도 이러한 일본 중심의 입장을 이어받지 않
았다. 이능우는『소년지낭』을 옮겨내다가 일본의 역사나 인물
이 등장하면 여지없이 삭제했는데, 정도가 대단히 치밀하다.
가령 위에서 인용한『소년지낭』의 〈콜럼버스〉 편에 등장한 지
팡구 관련 언급들은『오위인소역사』에 전혀 옮겨지지 않았다.

서양 각국의 위인들을 소개하는 서적에서 일본인과 일본사
는 존재 자체가 불순물이기에 이는 당연한 조치로 볼 수도 있
다. 문제는『소년지낭』에서 일본 언급의 비중이 지나치게 컸다
는 것이다.『소년지낭』이 말하는 서양사의 각 부분은 일본의 사
정과 긴밀하게 연동되어 있었고, 다섯 주인공과 관련된 각 메
시지의 수렴점 자체도 일본이었기에, 만약 일본이라는 요소를
지운다면 이는 텍스트의 본질을 해체하는 것이나 진배없었다.
즉,『소년지낭』의 특수성이라 할 만한 정치적 속성이 무화無化
되는 것이다. 다음은 이능우의 번역 결과『오위인소역사』에 잔
류한 〈콜럼버스〉 편의 내용에 가상의 경계를 부여하여 정리한
것이다.

구분	〈콜럼버스〉 편의 세부 내용
1	역사적으로 서반구가 더 늦게 발견되었음을 소개
2	마르코 폴로에 의한 아시아의 서구 소개 및 아시아로 가기 위한 항해술과 항로의 개척 흐름 소개
3	콜럼버스의 가정환경과 교육 과정 소개
4	항법사가 됨, 이탈리아 항해사의 딸과 결혼하여 직업적 발전의 계기 얻음
5	서쪽으로의 항해를 통해 아시아로 갈 수 있다는 신념의 형성
6	후원자 구하기의 어려움. 아내의 사망, 부채 등으로 가정 몰락 후 스페인으로 감
7	사제를 통해 콜럼버스의 항해 계획이 스페인 왕 페르디난드, 여왕 이사벨라에게 소개됨
8	난관을 뚫고 스페인의 지원을 얻어 항해에 나섬
9	긴 항해와 불안감으로 인한 선원들의 동요
10	끝내 육지 발견, 서인도로 간주하여 원주민을 인디언으로 부르게 된 사연 소개, 계속되는 항해 활동
11	부덕하다는 구실로 본국에 소환, 불만을 품은 채 70세에 사망
12	영구히 남게 될 그의 업적을 기림

〈표 4〉『오위인소역사』, 〈콜럼버스〉 편의 내용

일본의 역사 기억을 공유하는 일본인 만들기가 『소년지낭』의 정치화된 지점이라면, 모든 일본 관련 흔적의 삭제는 곧 탈민족화, 탈정치화의 작업이 된다. 그러한 개입 이후 남게 되는 역사적 지식과 교훈들에서, 오늘날의 위인전과 구별되는 특별한 면모를 찾기란 쉽지 않다. 이렇듯 『오위인소역사』에서 남는 것은 '오위인'의 '소역사' 그 자체이며, 이들 서양사의 주인공들은 일본을 위한 복무를 끝내고 자신의 거처로 귀환하였다. 정리하자면, 사토 쇼키치가 쓴 『소년지낭』의 〈콜럼버스〉 편은 콜럼버스의 신화화보다 일본의 신화화에 방점을 두고 있었으나 이능우에 의해 그것은 다시 콜럼버스 중심으로 조정되었던 것이다.

7 량치차오를 매개로 한 콜럼버스 수용(1) : '발견'의 상징적 권위

앞서 콜럼버스의 신화적 이미지가 이식된 한국의 초기 사례들을 고찰했지만, 동아시아 차원에서 보자면 처음부터 그런 형상만이 기본값이었던 것은 아니다. 가장 이른 시기에 콜럼버스를 언급한 문헌 중 하나인 후쿠자와 유키치의 『서양사정西洋事情』(1866)은 '아메리카합중국' 장을 "1492년 에스파냐의 선장 콜럼버스(Christopher Columbus)가 아메리카국을 발견한 이후, 유럽 각국의 정부와 상사商社는 그 경로를 따라 앞다투어 함선을 보내 각지를 탐색하고 이익이 되는 지방을 발견하면 인민을 옮겨 그 땅을 본국의 식민지所領로 삼았다."[50]라는 문장으로 열고 있다. 이 대목은 안명선이 쓴 『대조선독립협회회보』 기사의 시작과도 거의 흡사한, 환언하면 전형적인 미국사 서술의 도입부라 할 수 있다. 흥미로운 것은 후쿠자와가 1830년대의 앤드류 잭

---

50) 후쿠자와 유키치, 송경회 · 김현 · 김숭배 · 나카무라 슈토 역, 『서양사정』, 여문책, 2021, 79쪽.

슨 대통령 시기를 설명하며 붙인 주석이다.

> 원주민이란 본래의 아메리카 인종이다. 콜럼버스가 이 나
> 라를 발견한 후 유럽 각국의 사람들이 여기로 이주하면서
> 시종일관 원주민과 화평하지 않고 걸핏하면 전투를 일으
> 켰다. 그러나 종래 이 원주민은 풍속이 야만적이고 천박해
> 오직 강하고 용맹하기만 할 뿐 학문과 기술을 알지 못하니
> 애초에 유럽인에게 대적할 수 없었다. 합중국이 독립하고
> 난 이후 오히려 더욱 배척당해 산과 들로 숨어들어 고기잡
> 이와 사냥을 업으로 삼았으며 결코 해안의 땅으로는 나올
> 수 없었다. 때때로 도당을 결성해 산에서 나와 합중국 내
> 지(內地)를 침범하는 일이 있다고 한다.[51]

　위 내용은 콜럼버스의 발견을 말하면서도 위대함이 아니라
오히려 그 이후에 발생한 원주민의 비극에 초점을 맞추었다.
이처럼 사실 그대로를 서술할 경우 콜럼버스의 신성한 이미지
는 곧 설 자리를 잃는다. 그의 발견이 거대한 사건일지는 몰라
도 누군가에게 비극인 이상 위대한 공업功業이 될 수는 없기 때
문이다. 콜럼버스를 언급한 또 다른 초기 문헌인 『특명전권대
사 미구회람실기美歐回覽實記』(1878)는 어떤가. 이 실기의 제1권인

---

51) 후쿠자와 유키치, 앞의 책, 90쪽.

미국 편 중 「제2장 미국 총설」의 도입부에는 "스페인의 콜럼버스가 미국을 발견한 것은 일본의 메이오明應 연간의 일이다. 이는 매우 유명한 이야기지만, 그가 발견한 것은 사실 정확히 북미대륙은 아니었다. 북미대륙을 발견한 것은 브리스톨(Bristol)의 상인으로 1497년에 처음 도착했다고 한다."[52]라고 씌어있다. 콜럼버스가 아메리카 대륙의 발견자라는 칭호도 반쪽짜리라는 것을 밝히며 시작되는 것이다. 이 실기의 제5권 '유럽대륙(하) 및 귀향일정' 편의 콜럼버스는 더욱 왜소해져서 아메리카의 발견 자체가 '위대한 이사벨라 여왕의 업적'이며 콜럼버스는 단지 여왕의 도구로 사용된 느낌마저 자아낸다. "총명한데다 과감한 성격의 소유자였던 이사벨라 여왕은 콜럼버스로 하여금 아메리카주(州)를 발견하도록 했다. 이는 여왕의 위대한 업적이었다."[53]

---

52) 구메 구니타케, 정애영 역, 『특명전권대사 미구회람실기 제1권 미국』, 소명출판, 2011, 55~56쪽. 참고로 '브리스톨(Bristol)의 상인'은 이탈리아 출신의 존 캐벗(John Cabot, 1450~1498)이다.
53) 구메 구니타케, 정선태 역, 『특명전권대사 미구회람실기 제5권 유럽대륙(하) 및 귀향일정』, 소명출판, 2011, 161~162쪽.

〈그림 12〉『서양사정』과『미구회람실기』

　이처럼 동아시아에서 콜럼버스가 처음부터 영웅의 형상으
로만 존재한 것은 아니다. 특히 서양의 역사를 객관적 정보의
형태로 소개하려는 목적으로 집필된 일본 측 문헌에서 확인되
는바, 애초에 콜럼버스를 주인공으로 삼는 기획이 아니라면 그
의 신화화된 면모 자체가 불필요하기도 했다. 이는 한국의 경
우도 마찬가지라서 1907년『대한매일신보』순국문판 기사인
「학문의 필요」에서는 "가륜포(콜넘비아)가 비록 아매리가 쥬를 차
져내엿스나 그러나 그것이 셔반구가 되는줄은아지못ᄒ고 아
셰아 동편에 흔 섬인줄노만 알앗더니"[54]와 같이 그가 처음부터
신대륙을 겨냥하여 찾아냈다는 '두 번째 신화'를 부인하는 지식
이 이미 통용되고 있었다. 거꾸로 말하면, 신화화된 콜럼버스

54)「학문의필요」,『대한매일신보』(순국문), 1907.10.17., 3쪽.

가 횡행할 수 있는 조건을 갖추기 위해서는 다양한 서양의 역사 인물을 주제로 한 전기류 혹은 해당 인물을 적극적으로 활용하는 논설 등이 필요했다. 요컨대 콜럼버스가 현란한 수식의 대상이 될 수 있는 공간은 계몽의 기획 속에 있었던 것이다.

　대한제국기 지식 수용의 흐름에서 빼놓을 수 없는 중국 경로의 매개항 중에 청말민초의 언론인이자 계몽운동가 량치차오가 있다. 주지하듯 량치차오의 글은 대한제국기 지식계가 가장 널리 수용하고 변용했던 근대지식의 창고였다. 한국에 수용된 콜럼버스 관련 지식 중에도 량치차오를 매개로 한 부류가 있었다. 일본어 문헌을 저본 삼아 「갈소사전」(코슈트), 「의대리건국삼걸전」(마찌니 · 가리발디 · 카부르), 「라란부인전」(마담 롤랑), 「극림위이전」(크롬웰) 등을 꾸준히 역술한 데서도 알 수 있듯, 그는 서양의 인물 및 역사 지식에 해박했다.

〈그림 13〉 중국의 언론인이자 계몽운동가 량치차오

앞의 전기물들은 1902년부터 순차적으로 연재되었는데, 량치차오가 콜럼버스를 거론한 것은 더 이른 시기부터였다. 예를 들어 "루터가 있어서 개신교가 있었고, 콜럼버스가 있어서 신대륙이 있었으며, 워싱턴이 있어서 미국의 독립이 있었고, 비스마르크가 있어서 독일 연방이 있었다."[55]처럼 여러 인물과 그들을 상징하는 업적을 나열하는 경우가 있다. 이 내용을 담은 「영웅과 시세」(『청의보』 27책, 1899)라는 논설 자체가 여러 영웅의 활약상을 취급한 것이기도 하다. 하지만 그게 아니더라도 량치차오의 글에는 특정 가치를 지닌 인물군을 나열하면서 콜럼버스를 함께 제시하는 패턴이 반복하여 나타난다. 아래의 「혜관慧觀」도 그중 하나다.

> 사람이면 누구나 사과가 떨어지는 것을 못 볼 리 없지만 여기서 중력의 원리를 깨달은 자는 오직 뉴턴 한 사람이었고, 누구나 끓는 물이 기체로 비등하는 것을 못 볼 리 없지만 여기서 증기기관의 작용을 깨달은 자는 오직 와트 한 사람이었으며, 누구나 바닷말이 해안에 떠 있는 것을 못 볼 리 없지만 여기서 신대륙을 찾은 자는 콜럼버스 한 사람이었고, 누구나 남녀의 연애를 못 볼 리 없지만 감정의

---

55) 량치차오, 「영웅과 시세」, 『청의보』 27책(1899), 강중기 · 양일모 외 역, 『음빙실자유서』, 푸른역사, 2017, 40쪽.

큰 동기를 간파한 자는 오직 셰익스피어 한 사람이었다.[56]

량치차오가 콜럼버스를 호명할 때 등장하는 이러한 나열의 방식은 「영감」("따라서 마르틴 루터는 "나는 화낼 때 기도를 가장 잘하고 연설을 가장 잘한다."고 말했다. 현장 법사가 밥그릇 하나와 삼베 한 벌만으로 파미르 고원을 넘어 풍토병을 무릅쓰며 인도까지 간 일, 콜럼버스가 배 한 척으로 큰 파도를 헤치며 목숨을 걸고 아메리카 대륙을 찾아 나선 일, 얼스메가 민요를 부르고 비파를 타며 남유럽에서 구걸한 일, 모세가 오랑캐족과 싸우며 물과 풀을 쫓아 사막을 떠돈 일 등은 추구한 일과 성취한 일은 다르지만, 모두 인스피레이션이 느낌과 행동의 원동력이 되어 그 목적을 달성한 것이라고 볼 수 있다."[57]), 「무욕과 다욕」("석가모니가 슈도다나 왕의 태자라는 귀한 신분을 버리고 6년간 고행하고, 모세가 이집트 관료로서의 안락을 버리고 만리를 떠돌아다니고, 루터가 교황이 특별히 내린 상을 사양하고 대법정에 기소되고, 콜럼버스가 시내에서 한가하게 노니는 즐거움을 버리고 먼 바다에 몸을 던진 것은 오로지 욕심이 있

---

56) 량치차오, 「혜관(慧觀)」, 『청의보』 33책(1900), 강중기 · 양일모 외 역, 앞의 책, 133쪽.
57) 「영감(靈感)」, 『청의보』 99책(1901), 량치차오, 강중기 · 양일모 외 역, 『음빙실 자유서』, 푸른역사, 2017, 182쪽.

었기 때문이다."[58])(이상『청의보』99책, 1901)에서도 동일하게 반복된다.

그러나 콜럼버스의 용기 있는 도전이나 선견지명 등, 아메리카 발견이라는 대업 하나에만 맞춰진 효용성은 그에 관한 비중 있는 단독 전기물의 기획을 망설이게 만드는 지점 중 하나이기도 하다. 여러 사례 중 하나로 소환되는 패턴만 반복된다는 점은 애초에 콜럼버스라는 인물을 활용하는 데 뚜렷한 한계가 있다는 사실을 역설한다. 그의 성취는 손쉽게 신화화될 정도로 포장하기 좋은 재료였다. 하지만 신대륙 발견을 둘러싸고 겹겹의 허구가 덧입혀진 이유는 그 외에는 거의 다룰 것이 없기 때문이기도 했다. "발견이란 새롭게 자연물을 찾아내거나 혹은 사물의 이용을 새로 고안해 내는 것이다. 콜럼버스가 아메리카 대륙을 발견하거나, 이삼백 년 전에 연초煙草 가운데 어떤 특성을 가진 것을 사람이 이용하도록 새로 생각해 낸 것이 모두 이런 종류이다."[59]처럼 량치차오가 콜럼버스를 독자적으로 호명하는 순간조차도 결국 '아메리카 발견'을 벗어나는 논의는 거의 확인되지 않는다.

그럼에도 불구하고 거의 모두에게 쉽게 각인되는 임팩트가

58) 「무욕(無欲)과 다욕(多欲)」,『청의보』99책(1901), 량치차오, 강중기 · 양일모 외 역,『음빙실자유서』, 푸른역사, 2017, 189~190쪽.

59) 제14절 '이익을 낳음, 이익을 나눔' 중. 365쪽.

있다면 그건 분명 유용할 수밖에 없었다. 대한제국기 미디어에서도 그 한 가지 사실을 들어 콜럼버스를 소환하는 경우는 많았다. 가령 일본어 문헌을 저본으로 사용했을 1903년 『황성신문』 기사 「세계 각국 영지 및 식민지世界各國領地及殖民地」에는 "아메리카 대륙은 서기 1492년(성종 23년 임자)에 유럽 콜럼버스 씨가 발견한 것이니"[60]라는 단편적인 소개가 등장하였고, 중국 문헌을 사용했을 1904년의 한문기사 「논정신論精神」에서는 정신력의 가치를 설명하며 콜럼버스 항해의 대단함을 비교적 길게 설명하기도 했다.[61]

상기 두 기사가 필경 특정 저본에서 정보를 가져온 것이라면 1908년의 『대한매일신보』 기사에선 "최근 한국인이 노비의 행색[奴顏婢膝]으로 집권자에게 꼬리를 흔들며 구걸하여 안팎으로 벼슬자리 하나 얻으면 콜럼버스가 신대륙을 발견한 듯 의기가 양양하도다."[62]와 같이 한국사회를 향해 비판의식을 표출하는 경우도 확인된다. 콜럼버스를 대표하는 그 발견은 적어도 식자층 사이에선 어느덧 상식의 영역으로 자리 잡게 된 것이다.

흥미로운 것은 량치차오의 콜럼버스 활용, 곧 콜럼버스를 여러 위인과 함께 나열하는 방식이 대한제국기 여러 신문·잡지

---

60) 「世界各國領地及殖民地」, 『황성신문』, 1903.9.3, 2면.

61) 「論精神」, 『황성신문』, 1904.11.22, 2면.

62) 『대한매일신보』, 1908.10.7., 1면.

에서도 쉽게 발견된다는 사실이다. 우선 "콜럼버스는 아메리카를 발견하고, 바스쿠 다 가마 씨는 인도양으로 항해하여 지리상의 지식을 증진시키고"[63]나 "일신으로 만리를 네 차례 항해하여 군중의 비웃음 속에서도 유진무퇴有進無退한 것이 콜럼버스가 신대륙을 발견한 일이었으며, 3년간 배 한 척으로 먼 바다를 독보하여 거친 풍랑과 도사리는 죽음 앞에서도 뒤돌아보지 않은 것이 마젤란이 지구를 일주한 일이었고"[64]처럼 바스쿠 다 가마나 마젤란 같은 다른 해상 영웅들과 나란히 등장하는 경우가 있다. 그중에서도 콜럼버스와 마젤란이 함께 등장하는 기사를 더 자주 확인할 수 있다. 예컨대 "지구를 일주하던 마젤란같이 모험하더라도 멕시코에는 가까이 하지 말며 신대륙을 발견하던 콜럼버스같이 용맹하게 나아가더라도 멕시코는 건너지 마오."[65], "오호라, 콜럼버스의 뱃머리에 신대륙이 은은히 비치고 마젤란의 눈앞에 희망봉이 점차 나타나는 도다. 속담에 이르기를 성심誠心이 수양의 장소라 하니 제군의 지금 소원을 비는 일은 비록 만리원정萬里遠程의 첫 시작이지만 하루에 1보를 나아가며 이틀에 2보를 나아가면 시냇물이 흘러 창해滄海되며

63) 「泰西敎育史(續)」, 『조양보』 12, 1907.1, 19쪽.
64) 「保國論(續)」, 『황성신문』, 1907.5.10., 2면.
65) 「寧入鬼門關이언뎡勿向墨西哥」, 『황성신문』, 1907.6.12., 2면.

땅의 흙이 태산 될 그 날이 어찌 없으리오."[66] 등을 들 수 있다. 『태극학보』 13호의 「지문학강담地文學講談」에서는 이들 세 명, 즉 콜럼버스, 바스쿠 다 가마, 마젤란 3인의 활약상이 연속적으로 소개되기도 했다.[67]

그러나 대한제국기 미디어에서 콜럼버스는 이런 탐험가 유형이 아니라 루소[68]나 비스마르크[69]와 엮이기도 한다. 후자인 비스마르크 관련 기사는 며칠 후 순국문판 『대한매일신보』에서도 다시 등장한다. 해당 대목은 "그런고로 발긔인의 셩명을 광고에 ᄒ번 발포ᄒ면 가륜포가 남아미리가를 발견ᄒᄃ시 쾌쾌히 녁이며 췸지셔 일쟝을 신문상에 ᄒ번 게지ᄒ면 비스믹이가 파리셩에셔 승견가를 부르드시 양양ᄌ득ᄒ야 후일에ᄂ 하여 ᄒ던지 당쟝에 아모 아모가 학교를 셜립ᄒ엿다ᄂ 칭숑만 ᄒ번 듯고 보면 일평싱 큰 ᄉ업을 셩취ᄒ 줄노 아니 이것이 가셕ᄒ 것이로다"[70]이다. 한편, "이처럼 부패한 사회에서 워싱턴, 링컨을 구하면 얻겠으며 크롬웰, 글래드스턴을 구하면 얻겠으며 콜럼버스, 리빙스톤을 구하면 얻겠는가."[71]와 같이 워싱턴, 링

66) 「湖嶺可賀」, 『대한매일신보』, 1910.4.3., 1면.
67) 硏究生, 「地文學講談(1)」, 『태극학보』 13, 1907.9. 참조.
68) 「思想과 能力」, 『황성신문』, 1907.7.9., 2면.
69) 「街談一束」, 『대한매일신보』, 1908.3.22., 1면.
70) 「로샹 담화의 일통」, 『대한매일신보』(순국문), 1908.3.26., 1면.
71) 「悲淸議之掃地續」, 『대한매일신보』, 1908.6.2., 1면.

컨, 크롬웰, 글래드스턴, 리빙스턴과 병치되는 등 다양한 조합과도 쉽게 섞일 수 있었다. 이러한 사례들은 분명 량치차오의 나열 방식에 크고 작은 변주를 가한 결과물이었다.

8 량치차오를 매개로 한 콜럼버스 수용(2) : 진취와 인내의 모범

콜럼버스의 권위를 나열의 방식으로 활용하는 것을 두고 그 원형이 량치차오의 문장이라고 주장할 수 있는 근거는 역시 대한제국기 미디어와 량치차오의 친연성 때문이다. 당대 인쇄 미디어에서 확인되는 량치차오의 영향력은 그야말로 전방위적이다. 이는 오래전부터 거듭 지적되어온 사실이기도 하다. 예컨대 안자산은 1922년에 발표한 『조선문학사』에서 대한제국기 잡지 몇 종을 언급하며 "이들 잡지의 글은 다 『음빙실문집飮氷室文集』에서 번역해 낸 것이 많고 그 사상도 역시 그 시상을 화출하니 이는 중국의 사정과 조선의 시세가 동일한 형편에 열한 까닭이요, 겸하여 당시 문사가 한학가漢學家에서 많이 나와 구미 및 일본 문학을 직접으로 수입하지 못하고 중국의 손을 매개로 수입한 모양이라. 실상 『음빙실문집』은 당시 문단을 크게 도운 선생이러라."[72]라고 명언한 바 있다.

---

72) 안자산, 최원식 역, 『조선문학사』, 을유문화사, 1984, 198-199쪽.

〈그림 14〉『음빙실문집』

　『음빙실문집』은 1902년에 초판을 발행한 량치차오의 문집을 일컫는다. 이 문집에 수록된 글들의 최초 발표지면은『시무보時務報』, 그리고 량치차오가 변법유신에 실패한 후 일본으로 망명하여 간행한『청의보淸議報』와『신민총보新民叢報』였다. 대한제국기 미디어, 특히 잡지에 수록된 기사 중 량치차오의『청의보』,『신민총보』발發 번역 텍스트가 대량으로 눈에 띄는 것도『음빙실문집』의 영향 때문이라 하겠다. 예를 들어 이 책의 2장「대한제국기 미디어의 역사적 의미」에서 비중 있게 언급한 종합잡지『조양보』의 량치차오 번역 기사와 관련 서지는 다음과 같다.

호	간행일	제목(연재 회차)	게재면	원문 서지 및 발표 매체
6	1906.09.10	人人當注意於權利思想(1)	논설	「論權利思想」(「新民說」),
7	1906.09.25	人人當注意於權利思想(2)	논설	『新民叢報』(1902)
8	1906.10.25	滅國新法論(1)	논설	「滅國新法論」, 『淸議報』(1901)
		政治學說(1)	교육	「霍布士學案」, 『淸議報』(1901)
		動物談	소설	「動物談」, 『淸議報』(1899)
9	1906.11.10	滅國新法論(2)	논설	「滅國新法論」, 『淸議報』(1901)
		霍布士의政治學說(2)	교육	「霍布士學案」, 『淸議報』(1901)
		噶蘇士匈加利愛國者傳(1)	담총	「匈加利愛國者噶蘇士傳」, 『新民叢報』(1902)
10	1906.11.25	滅國新法論(3)	논설	「滅國新法論」, 『淸議報』(1901)
		霍布士의政治學說(3)	교육	「霍布士學案」, 『淸議報』(1901)
11	1906.12.10	滅國新法論(4)	논설	「滅國新法論」, 『淸議報』(1901)
		噶蘇士凶加利愛國者傳(2)	담총	「匈加利愛國者噶蘇士傳」, 『新民叢報』(1902)

〈표 5〉 『조양보』의 량치차오 번역 기사와 원문 서지

이러한 양상이 『조양보』에서만 나타날 리 없었다. 『조양보』
의 주필은 장지연이었다. 장지연뿐 아니라 박은식 역시 량치차
오의 글을 적극적으로 수용한 것으로 유명하다. 이에 따라 박
은식이 주필이던 『서우』, 그리고 장지연과 박은식 모두가 참여
했던 『대한자강회월보』에서도 그 영향이 확인되는 것은 자연
스러운 일이었다.

이를테면 『서우』 제1호(1906.12)에는 량치차오의 「자려自勵」와
「대동지학회서(大同志學會序)」가 원문 그대로 실렸고, 제2호(1907.1)
에는 「애국론愛國論」이 박은식에 의해 번역되었으며, 〈문원文苑〉

란의 첫 번째 항목에는 량치차오의 자립을 강조하는 문장이 원문 그대로 상재되었다. 제3호(1907.2)에는 소설 「동물담動物談」이, 제4호(1907.3)에는 「논학회論學會」의 번역과 「유심론唯心論」의 원문이 함께 실렸고, 제5호(1907.4)에 실린 「사범 양성의 급무」는 량치차오가 「논사범論師範」에서 개진한 논의를 일부 차용하되 한국의 상황을 추가한 글이었다. 이 외에 연재물의 비중도 꾸준했다. 량치차오의 「학교총론學校總論」은 『서우』 2호부터 5호에 걸쳐, 「논유학論幼學」은 6호부터 10호에 걸쳐 각각 번역 연재된 바 있다. 『서우』의 편집진은 레퍼런스의 다양성 부족을 의식해서인지 출처가 량치차오의 글이라는 것을 밝히지 않는 경우도 있었고, 밝히더라도 지나인 임공, 애시객, 음빙실주인 등 다양한 필자명을 교차로 사용하기도 했다. 이를 의식했다는 것 자체가 량치차오라는 참조항에 편중되어 있던 『서우』의 상황을 드러내 준다.

친일적 성향의 지식인들이 주도하여 정치적 색채가 전혀 달랐던 『소년한반도』에서조차 량치차오라는 레퍼런스의 무게감은 확연하다. 전술했듯 「자수론」은 기본적으로 량치차오의 「신민설」을 변용한 것이었고, 잡지의 제명인 '소년한반도' 역시 량치차오의 「소년중국설」에서 영감을 받아 탄생했을 가능성이 다분하다.[73] 『소년한반도』 제2호(1906.12)에는 량치차오의 글 「정

---

73) 이와 관련한 논의는 손성준, 앞의 글(2020), 209-210쪽 참조.

치학 대가 블룬츨리의 학설政治學大家伯倫知理之學說」의 일부가 「논
주권論主權」이라는 제목으로 권두에 역재譯載되었으며, 제4호의
「파괴주의론」 역시 량치차오의 「파괴주의」와 연관성이 있었다.
특히 본고에서 주목하는 「자유모」는 량치차오 발發 텍스트 중
에서도 가장 많은 연재 횟수를 기록한 사례이다.

　이렇듯 『음빙실문집』을 경유하여 도달한 지식들은 대한제국
기의 여러 미디어에 넓게 분포되어 있었다. 그런즉 대한제국기
미디어의 콜럼버스 수용을 보면 량치차오와 나열 방식만 비슷
한 게 아니라 실제 콜럼버스를 다룬 그의 논설을 그대로 번역
하는 방식도 쉽게 발견할 수 있다. 이를테면 『황성신문』에서 량
치차오의 「의대리건국삼걸전意大利建國三傑傳」을 발췌 번역한 「독
의대리건국삼걸전讀意大利建國三傑傳」에는 "가리발디도 역시 다른
사람에게 말하길 '내가 마찌니를 보았다' 하니 마음의 유쾌함
이 콜럼버스가 신대륙을 찾아낸 것과 같더라."[74]처럼 돌연 콜럼
버스가 등장한다. 마찌니와 콜럼버스가 연결되는 상황은 "대저
어떤 사업이든 콜럼버스가 신세계를 찾아나서는 고심을 품지
않을 수 없고, 마찌니가 이탈리아를 독립시키는 열성을 다하여
야 가능할 것이거늘"[75]과 같이 『대한매일신보』에서도 변주되어
나타났다.

---

74) 「讀意大利建國三傑傳(續)」, 『황성신문』, 1906.12.21., 2면.
75) 「有始無終의 可戒」, 『대한매일신보』, 1908.8.4., 1면.

량치차오의 콜럼버스 관련 글 중 단편적인 예시 이상의 번역 사례도 있다. 이미 언급한 량치차오의 「영웅과 시세」는 『대한매일신보』의 논설 「영웅과 시세」, 즉 완전히 동일한 제목의 기사를 통해 그 일부가 번역된 바 있다.

> 세계의 역사가 곧 영웅의 전기라 해도 무방하다. 루터가 있어서 개신교가 있었고, 콜럼버스가 있어서 신대륙이 있었으며, 워싱턴이 있어서 미국의 독립이 있었고, 비스마르크가 있어서 독일 연방이 있었다.
> 世界歷史를 英雄의 傳記라ᄒ야도 未爲不可로다 是以로 路得이 有ᄒ 然後에 新敎가 出ᄒ고 哥侖布가 有ᄒ 然後에 新洲가 顯ᄒ고 華盛頓이 有ᄒ 然後에 美國이 獨立ᄒ고 俾斯麥이 有ᄒ 然後에 德國이 聯邦ᄒ엿스니[76]

참고로 이 문장은 량치차오가 누군가의 말을 인용하는 형태이지 이 자체가 그의 견해는 아니다. 「영웅과 시세」의 메시지는 영웅과 시세가 서로 원인이 되고 결과도 된다는 데 있다. 그럼에도 이것이 신대륙 발견에 방점이 있는 또 하나의 콜럼버스 언급이라는 사실에는 변함이 없다. 위 대목의 상동성이나 기사

---

76) 이하 현대어 번역문과 함께 제공하는 비교 대상은 원문 그대로를 제시하였다.

제목을 아예 똑같이 처리한 점을 미루어 『대한매일신보』가 량치차오의 「영웅과 시세」를 번역하여 게재한 것이라 오해하기 쉽지만, 이어지는 내용에서 기자는 "우리 한국으로 논할지라도 임진년의 풍진風塵에 이충무공이 나왔고 병자전쟁丙子戰爭에 임경업林慶業이 나왔으니, 만약 이충무공이 임진 이전에 출생하였으면 이충무라 말하기 어려울 것이요, 임경업이 병자 이전에 출생하였으면 임경업이라 말하기 어려울지로다."[77]처럼 아예 이순신이나 임경업을 들어 저본과는 전혀 다른 한국적 맥락을 첨가하고 있다. 대한제국기의 미디어가 량치차오의 기사를 활용하는 방식은 이처럼 의외성을 가질 때가 많다. 이는 다음에 소개할 다른 번역 사례들을 통해서도 잘 드러난다.

량치차오의 콜럼버스 관련 글은 상당수가 1902년 『신민총보』에 연재했던 「신민설新民說」에 포함되어 있다. 근대적 국민의 자질을 논한 「신민설」은 여러 챕터로 구성되어 있었는데, 그 챕터들 자체도 내적 완결성 갖추고 있었다. 그리고 이 글들이 전술했던 『음빙실문집』을 경유하여 대한제국기의 다양한 미디어에 번역되며 콜럼버스 관련 지식 역시 함께 수용되었다. 예컨대 다음을 살펴보자.

---

77) 「英雄과 時勢」, 『대한매일신보』, 1910.6.26., 1면.

Ⓐ나폴레옹은 세상에 드문 명장이지만 만약〔청조의〕팔기군이나 녹영군의 게으른 병사들을 데리고 있었다면 검은 야만인을 대적할 수 없었을 것이다. 콜럼버스는 항해의 대가이지만 썩은 나무를 풀로 붙여 만든 배를 타고 있었다면 해협을 건널 수 없었을 것이다. 저 군주와 재상들은 홀로 다스릴 수 없으므로, 추세상〔책임은〕강신疆臣에게 넘어갈 수밖에 없으며, 강신은 감사監司에게 맡길 수밖에 없다.[78]

Ⓑ嗚乎 否否라 假令 拿破倫 格林威爾 俾斯麥 加富耳 等으로 英魂이 復躍ㅎ야 出現於下等蠻昧之邦ㅎ면 能復爲當日之拿破倫 格林威爾 俾斯麥 加富耳乎아 曰 非其地也라 力不及也니 雖以哥倫布之毅功으로도 借以朽敗之扁舟ㅎ면 安能航海探險이리오[79]

Ⓒ夫拿破崙은 曠世의 名將이로되 旗綠의 惰兵을 率ㅎ엿스면 能히 黑蠻을 敵치못홀것이오 哥倫布난 航海의 大家로되 朽木의 膠船을 乘ㅎ엿스면 溪沚를 渡치못홀지로다 政府에셔도 能히 獨治치못홀지니 不得不觀察에게 任홀것이오[80]

---

78) 양계초, 이혜경 주해, 「제2절 오늘날 중국 제일의 급선무인 신민」, 『신민설』, 서울대학교출판문화원, 2014, 46~47쪽.

79) 「時運은 可造오 不可自至(續)」, 『황성신문』, 1907.5.22., 2면.

80) 「今日我韓은 新民이 爲急」, 『대한매일신보』, 1910.7.5., 1면.

Ⓐ는 량치차오의 원문 내용(현대어역)이고 Ⓑ는 그중 콜럼버스 관련 내용만 글쓴이 나름의 맥락 속에서 가져온 1907년의『황성신문』기사「시운(時運)은 가조(可造)오 불가자지(不可自至)」이며, Ⓒ는 Ⓐ와 거의 내용이 일치하는 1910년의『대한매일신보』기사「금일아한今日我韓은 신민新民이 위급爲急」이다. Ⓑ가 복수의 역사 인물들을 나열하며 자신의 논의를 전개하는 량치차오의 방식을 사용하면서도 부분적으로는 구체적 내용을 번역하여 결합한 사례라면, Ⓒ는 인용문만 보면 번역에 가까운 듯하지만 전체적으로는 한국 문제에 착안했다는 점에서 문제적이다.

〈그림 15〉『황성신문』과 『대한매일신보』

다음은 량치차오의 콜럼버스 관련 소개 중 내용이 풍부한 편에 속하는 두 사례 중 하나인「신민설」제7절「진취와 모험」과 해당 부분을 번역한 대한제국기의 매체 2종이다. 이 역시 대한제국기 미디어의 또 다른 량치차오 활용법을 잘 보여준다.

ⓐ로마가 무너진 이후 유럽인들은 온통 걱정이었고 어지
럽게 다투느라 하루도 버티지 못할 정도였다. 그때 한 가
난한 집안의 아들이 있었다. 혈혈단신으로 만 리를 네 번
항해했는데, [항해 중에] 뱃사람들은 실망하고 극도로 분
노하여 그를 죽여 그의 피를 마시려고 했다. 그러나 흔들
어도 그의 용기는 꺾이지 않았으며 전진하되 후퇴가 없었
다. 그리고는 마침내 아메리카를 찾아내어 백성들을 위해
신세계를 열어 주었으니, 이는 바로 스페인의 콜럼버스 이
야기다. 로마 교황의 위력이 극점에 달했을 때 각 나라의
군주는 그 무릎 아래 엎드렸다. 그때 한 승려(원주-천주교
의 사제敎士는 처를 얻지 않아서 일본에서 불교의 '승僧' 자
를 갖다 불렀는데, 지금 그 호칭을 따른다.)가 나타나 용감
하게 96개조의 격문을 대교회당大府에 내걸었다. [그 내용
인즉] 구교의 죄악을 알리고 새 이론을 제창하자고 천하
에 호소하는 것이었다. …(중략)… 이는 게르만의 마틴 루
터의 이야기이다. 작은 배로 지구를 한 바퀴 돌면서 거듭
되는 파도를 이겨 내고 만 번의 죽을 고비를 무릅쓰면서 3
년 뒤에 돌아와 마침내 태평양 항로를 열어 북반구와 남반
구에 교통의 통로가 되게 하였다. 이는 포르투갈 마젤란의
이야기이다. 단신으로 아프리카 내지를 탐험하고 만 리나
되는 사하라 사막을 건너며 장기瘴氣와 싸우고 토착야만인

들과 싸우며 수십 년을 하루처럼 보냈다. 그리하여 결국 전 아프리카를 개통시켜 백인의 식민지로 만들었다. 이는 영국 리빙스턴의 이야기이다.[81]

ⓑ로마 해체 이후에 유럽인에게 우려가 가득하여 분쟁이 끊이지 않더니, 때마침 한 가난한 사람이 혈혈단신으로 네 차례 만 리의 항해에 나서 배를 잃고 사람들의 기대도 잃어버렸다. 저들은 분노해 그의 피를 마시고자 하였으나 용맹을 꺾지 않고 나아가며 물러서지 않아 결국 아메리카를 발견하여서 인민을 살리는 신세계를 열어나갔으니, 곧 스페인의 콜럼버스가 그 사람이다.

당시 로마 교황의 위력이 극점에 달하여 각국 군주가 그 아래 굴복하였는데, 이때 일개 승려가 대담하게 96조의 격문[82]을 대부大府에 게재하여 구교舊敎의 죄악을 밝히고 새로운 학설을 주장하여 천하에 호소하였다. 이에 교황 등이 백 수십의 왕후王侯를 거느리고 법회를 열어 그를 구속하고 신문하였으나 오직 조용히 서면으로 응답하며 꼿꼿한 항변으로 불요불굴하여 결국 종교 자유의 단서를 열고 인류를 행복으로 나아가게 하였으니, 게르만의 마틴 루터

---

81) 양계초, 이혜경 주해, 제7절 「진취와 모험」, 『신민설』, 앞의 책, 135~136쪽.
82) 루터의 반박문은 95조이기에 96조라 한 것은 착오로 보인다.

가 그 사람이다.[83]

러시아가 몽골에게 유린당한 뒤에 원기를 새로 회복하는
데 쌓인 쇠약함과 야만스러운 누습이 이루 셀 수 없었다.
이때에 만승萬乘의 지존으로 미복微服하고 해외에 머무르
며 군인으로 고용살이하면서 문명과 기술을 배워서 그 백
성들에게 전해주어, 그 나라로 하여금 오늘날 세계에 제일
뛰어난 나라로 점점 나아가 천하를 주름잡게 한 자가 있었
으니, 러시아의 표트르 대제가 그 사람이다.[84]

ⓒ新世界를 覓得코져ᄒ야隻身萬里에四度航海홈이舟人이
失望ᄒ야怒甚怨極에其血을飮ᄒ려ᄂᆞᆫ險境을冒ᄒ고終乃亞
米利加大陸을發現ᄒᆫ者ᄂᆞᆫ西班牙의哥倫布가其人이오兩半球
의交通을經營ᄒ야扁舟一葉으로地球一周를繞行홀ᄉᆡ重濤를
凌ᄒ며萬死를冒ᄒ야三年에乃還홈이終乃太平洋航路를開通
ᄒᆫ者ᄂᆞᆫ葡萄牙의麥志倫이其人이오殖民地를新占코져ᄒ야隻
身萬里에撒哈拉沙漠을越ᄒ야與瘴氣戰ᄒ며與土蠻鬪ᄒ며與
猛獸抗ᄒ야數十年을一日과如히ᄒ야終乃亞非利를開通ᄒᆫ者
ᄂᆞᆫ英國의立溫斯敦이其人이니[85]

83) 김하염, 「모험과 용진은 청년의 천직」, 『서우』 12, 1907.11, 손성준 · 신지연 ·
유석환 · 임상석 역, 『완역 서우 3』, 보고사, 2021, 23쪽.
84) 김하염, 「모험과 용진은 청년의 천직」, 『완역 서우 3』, 앞의 책, 23쪽.
85) 「歲拜하는 少年」, 『황성신문』, 1909.1.7., 2면.

ⓐ는 량치차오의 문장이고 ⓑ는 1907년 11월에 간행된『서
우』제12호의「모험과 용진은 청년의 천직」의 일부다.『서우』
의 기사는 저본을 압축적으로 번역한 것으로서, 역자 김하염은
기사 말미에 "나는 이 문제를 특별히 쓰면서 음빙실주인飮氷室主
人의 뜻을 진술하여『서우』에 게재한다."[86]라며 출처를 밝혀두
기도 했다. 하지만 제목의 차이에서부터 나름의 방향성을 읽어
낼 수 있는바, 본문에서도 김하염이 의도한 선택과 배치가 나
타난다. ⓐ는 콜럼버스 → 마틴 루터 → 마젤란 → 리빙스턴 순
으로 논의가 전개되는 한편, ⓑ는 콜럼버스 → 마틴 루터 → 표
트르 대제 순으로 전개된다. 인용 부분 외 글 전체를 보면 원
래 량치차오의「진취와 모험」에 등장하는 역사 인물은 순서대
로(반복 등장하는 인물 제외) 콜럼버스 → 마틴 루터 → 마젤란
→ 리빙스턴 → 아돌프스 → 표트르 대제 → 크롬웰 → 워싱턴
→ 나폴레옹 → 윌리엄 에그몬트 → 링컨 → 마찌니 → 알렉산
더 → 월왕 구천 → 모세 → 이장군(李將軍) → 주수창 → 예양 →
제갈량 → 글래드스턴 → 넬슨 → 증국번이었다(이 중 비중 있
게 서술된 것은 마찌니까지다. 나머지 인물들은 다른 맥락에서
비교적 소략하게 언급된 정도다). 그중 ⓑ는 콜럼버스 → 마틴
루터 → 표트르 대제 → 크롬웰 → 워싱턴 → 나폴레옹 → 윌리

---

86) 김하염, 앞의 책, 31쪽.

엄 에그몬트 → 링컨 → 마찌니 → 월왕 구천 → 모세 → 주수창 → 예양 → 제갈량 → 글래드스턴 → 증국번 관련 내용만을 활용했다. 즉, 김하염이 생략한 것은 마젤란, 리빙스턴, 이장군, 알렉산더, 넬슨이었다.

이유는 무엇일까? 김하염의 입장에선 「진취와 모험」은 한 호에 단일 기사로 완역하기엔 분량이 많아 반드시 축약이 필요했을 터이다. 권두 기사이긴 해도 '기서寄書', 즉 외부인의 투고문으로 분류된 만큼, 연재를 염두에 두기도 어려운 상황이었다. 그렇다면 인물군 중 이미지의 중첩이 있는 경우 상징성 있는 인물만 남겨두고 나머지를 생략하는 편이 합리적이었다. 따라서 탐험가 마젤란, 리빙스턴은 글의 시작을 장식했을 정도로 인지도가 높았던 또 다른 탐험가 콜럼버스가 있었기에 생략되었고, 마찬가지로 이장군, 알렉산더, 넬슨은 군인 겸 황제였던 나폴레옹에 밀렸을 공산이 크다.

「진취와 모험」은 잡지 『서우』뿐 아니라 1909년의 『황성신문』 기사 「세배歲拜하는 소년少年」에도 부분적으로 번역되었다(ⓒ). 『황성신문』 기자는 상기 대목을 번역할 때 량치차오가 콜럼버스 이상의 많은 분량으로 풀어낸 마틴 루터 부분을 완전히 생략한 채 콜럼버스, 마젤란, 리빙스톤만 제시했다. 사실 인물군의 균질성만 놓고 보자면 이 탐험가들 사이에 루터가 포함되는 것이 부자연스러운 만큼 이러한 개입 방식도 나름의 설득력

〈그림 16〉 『서우』

을 지닌다. 다만 이 글 자체는 「진취와 모험」을 소개하려는 것
이 아니라 신년을 맞아 소년들에게 웅장한 포부를 심겨주는 데
의도가 있었다. 이 때문에 정확하게 모험가 중심의 사례만 발
췌 번역하여 논지를 강화했던 것이다. 이처럼『서우』와『황성신
문』의 「진취와 모험」 활용 방식은 크게 달랐다. 하지만 콜럼버
스만은 공통의 호명 대상이었다.

　마지막으로 살펴볼 사례는 「신민설」의 제15절 「의력毅力」에
서의 콜럼버스와 그 한국적 수용이다. '의력'은 곧 인내력으로,
종래의 콜럼버스 전기물에 빠짐없이 등장하는 미덕이기도 하
다.『서우』제5호(1907.4)의 비중 있는 콜럼버스 관련 기사 역시
「인내忍耐하는 것이 사업事業의 원인原因」이라는 제목이었다.

　　스페인 알람브라 궁전의 문으로 나귀를 타고 나온 사람을 어찌 알지 못하는가. 그 사람이 바로 콜럼버스이다. 어렸을 때부터 세계가 둥글다는 생각을 깨달았으니, 후일에 해상 4백 리 위에서 이상하게 조각된 목재를 얻고 또 포르투갈의 해안에서 다른 인종의 시체를 발견하여 이로부터 서반구(西半球) 안에 대륙이 반드시 있으리라는 것을 점점 믿게 되었다. 그리고 크게 발원해 스스로 탐색하고 살피고자 사람들에게 도움을 구하였는데 그의 어리석음을 비웃지 않은 이가 없었다. 빈곤하고 무료한 지경에서 지도를 그려 가며 생계를 이었지만, 여전히 집념을 가지고 맹세하기를 그치지 않아 결국 아내마저 버리고 일을 다시 도모하니 친구들도 그를 보고 미쳤다고 하였다. 마침 스페인 국왕이 그의 이야기를 믿고는 나라 안에 사람들을 모아 이에 관해 의논하자, 모두들 입을 모아 현혹하는 것이라 비난하며 반대하여 한 사람도 찬성하는 자가 없었다. 다만 스페인 국왕이 자못 그의 이야기를 믿어 도움을 받는 데 성공을 거두었다. 그 후 나귀를 타고서 알람브라 궁전의 문으로 나온 것이다.

콜럼버스가 이를 실행해 탐험대가 그를 따라 곤란을 겪게 되었다. 선원들은 더 이상 가고 싶지 않았지만 콜럼버스는 고집을 피우고 그들의 말을 듣지 않았다. 마침내 선원들이 그를 죽이고 고향으로 돌아가고자 했는데 콜럼버스가 백

방으로 그들을 달랬다. 그리고 출발한 후 2천 3백 해리海里를 지나면서 물 위를 떠다니는 과일과 배 주위를 나는 새를 보았고 또 기이한 모양의 조각을 습득했다. 콜럼버스가 크게 기뻐하며 그 대륙에 가까워졌음을 알게 되었다. 결국 1492년 10월 12일에 신세계인 아메리카 대륙을 찾아낼 수 있었다.[87]

　박성흠의 이 기사는 량치차오의 「의력」을 번역한 것이 아니라 여타 서적을 참고하여 재구성한 정보였다. 이 점은 이 기사의 콜럼버스 관련 정보에 「의력」과 중첩되지 않는 것들이 꽤 있다는 점, 그리고 그가 콜럼버스를 지칭하는 한자어로 량치차오의 "哥侖布"가 아닌 "科侖巴斯"을 사용했던 데서도 드러난다. 박성흠의 이 기사가 단순한 번역이 아니라 독자적인 노력의 결실이라면 이 역시 시사점이 있다. 콜럼버스의 서사가 대한제국의 식자층에게 그만큼 확고한 이미지로 각인되어 있어서 언제든지 필요하면 사용 가능한 자원이 되어 있었다는 증거가 되기 때문이다. 그리고 이때의 효용성은 대개 '인내력'을 강조하는 맥락에서 나왔다는 사실 역시 이 사례에서 재차 확인되는 바이다.

---

87) 박성흠, 「인내하는 것이 사업의 근원」, 『서우』 5, 1907.4, 권정원 · 신재식 · 신지연 · 최진호 역, 『완역 서우 1』, 보고사, 2021, 368~369쪽.

량치차오의 「의력」 자체도 이러한 분위기 조성에 일조했을 가능성이 크다. 「신민설」의 제15절 「의력」은 제7절 「진취와 모험」에서보다 한층 더 풍부한 콜럼버스 관련 정보를 담고 있었다. 그리고 이 내용은 1906년 『소년한반도』 제4호의 권두 기사 「자수론」을 통해 번역되었다.

⊙콜럼버스는 신세계를 개척한 사람이다. 그는 바다 서쪽에 분명 대륙이 있다고 믿었는데, 이는 견식이 남들보다 뛰어난 것이었다. 그러나 젊어서 사랑하는 아내를 잃고 사랑하는 아들을 잃고, 굶어 죽을 정도로 가난해서 시장에서 걸행을 했다. 그러다가 귀족과 부호 앞에서 〔신대륙 개척에 대해〕 유세했을 때 귀족과 부호들이 비웃었고, 포르투갈 정부에 건의했을 때 정부는 배척했다. 스페인 왕의 명을 받아 처음 항해하게 되었을 때, 배가 서쪽으로 향한 지 60여 일이 지나도록 작은 땅도 보이지 않았다. 동행한 사람들이 실망하여 돌아가려고 했고 이어서 멈추게 하려고 〔콜럼버스를〕 흔들기를 십수 차례 이상 했으며, 〔콜럼버스〕를 죽이고 그 피를 마시자고 공모하기에 이르렀다. 만약 콜럼버스의 의력이 조금이라도 부족했으면, 처음에는 곤궁 때문에 저지되었을 것이고, 이어서는 알아주는 사람을 못 만나 꺾였을 것이며, 끝내는 위험과 환난 때문에 꺾

였을 것이다. 〔이 가운데〕 한 가지 경우만 있었더라도 콜
럼버스는 분명 실패한 사람이 되었을 것임은 의심할 나위
가 없다.[88]

ⓛ옛날에 콜럼버스는 신세계의 개척자였다. 저 사람은 대
서양 서쪽에 신대륙이 반드시 있을 것임을 확신하였으니
그 식견이 남달리 뛰어났다. 하지만 그 초년에 그 아내와
자식과 재물을 잃어 곤궁하게 지내며 시장에서 구걸하였
고, 얼마 지나지 않아 부유한 귀족에게 유세하자 귀족이
비웃었고, 포르투갈 정부에 건의하자 정부가 배척하였다.
그가 스페인 왕의 명을 받들어 처음 항해할 때 배가 서쪽
을 향한 지 60여 일이나 되었는데도 작은 땅도 발견하지
못하자 동행한 선원들이 실망하여 귀가를 생각한 탓에 그
에 따라 저지하고 진정시킨 일이 십수 차례 이상이나 되었
고 심지어 그 몸을 죽여 그 피를 마실 것을 공모하려고 하
였다. 가령 콜럼버스에게 기백이 다소 부족하였더라면 처
음에 곤궁으로 인해 좌절되었을 것이고, 그 다음으로 지기
를 만나지 못해 좌절되었을 것이고, 그 다음으로 고난으로
인해 좌절되었을 것이고, 끝으로 위험으로 인해 좌절되었

---

88) 양계초, 이혜경 주해, 제15절 「의력」, 『신민설』, 앞의 책, 414~415쪽.

을 것이니 참으로 그 가운데 하나만 있었다면 콜럼버스가 필시 실패자가 되었을 것임에는 의심할 바 없다.[89]

앞서 「신민설」 제15절 「의력」이 제7절 「진취와 모험」보다 콜럼버스 관련 정보량이 많다고 언급했는데, 보다 정확하게는 「진취와 모험」의 정보가 근간이 되고 여기에 량치차오가 살을 입힌 것이 「의력」의 콜럼버스 서술이라 할 수 있다. 이는 상기 ⓐ와 ㉠의 비교만으로도 쉽게 알 수 있다. 나아가 「의력」 전체가 「진취와 모험」과 비슷한 방식으로 집필된 것이기도 하다. 전술한바, 「진취와 모험」은 다수의 '위인'들이 저마다의 모양새로 나열되는 가운데 교훈이 제시된다. 「의력」도 마찬가지어서 량치차오는 총론 이후 모세 → 콜럼버스 → 팔리시 → 필드 → 디즈레일리 → 가리발디 → 스티븐슨 → 와트 → 몽테스키외 → 애덤 스미스 → 기번 등을 배치했다.[90] 디즈레일리부터는 한 단락에 약식 서술로 통합되어 있었기에, 모세, 콜럼버스, 팔리시, 필드 정도만이 비중 있게 조명된 인물들이었다. 그들과 「진취와 모험」에서 비중 있게 서술된 12명 중 중첩되는 인물은 콜럼

---

89) 「自修論(續)」, 『소년한반도』 4, 1907.2, 권정원·신재식·신지연·전민경·최진호, 『완역 소년한반도』, 보고사, 2021, 262~263쪽. 일부 수정하여 인용하였다.
90) 이 인물들 이후로도 다양한 인물들이 등장하지만 연속적 흐름이 아니기 때문에 여기서는 생략한다.

버스가 유일했다. 다시 말해 량치차오는 콜럼버스 관련 정보를 「진취와 모험」 때보다 「의력」에서 크게 보완했는데, 이 같은 경우 자체가 콜럼버스뿐이었다는 것이다.

〈그림 17〉『소년한반도』

상기 두 텍스트의 비교를 통해 확인할 수 있듯『소년한반도』에서는 이 내용을 거의 직역하여 실었다. 사실 이 내용이 실린 「자수론」은『소년한반도』의 사장이자 주필 양재건이 「의력」을 저본으로 활용하되, 자신의 정치적 발화를 위해 대량의 첨삭을 가한 글이다.[91] 「자수론」의 연재에서 보여준 양재건의 '자유로운' 발췌 방식을 볼 때, 인용문처럼 저본에 충실한 대목은 매우

---

91) 「자수론」의 성격에 대한 더 구체적인 설명은 손성준, 「해제: 대한제국기 잡지의 정치성과 애국운동의 접변 -『소년한반도』를 중심으로」,『완역 소년한반도』, 앞의 책, 37~40쪽 참조.

희소하다. 그만큼 양재건에게 유용했다는 의미이다.

한편, 대한제국기 미디어에 다종다양하게 옮겨진 량치차오 발 콜럼버스 역시 신화화된 요소들을 내장하고 있었다. 상대적으로 정보량이 많은 「진취와 모험」과 「의력」을 기준으로 삼자면 "저 사람은 대서양 서쪽에 신대륙이 반드시 있을 것임을 확신하였으니 그 식견이 남달리 뛰어났다."와 같이 처음부터 콜럼버스가 신대륙을 목표로 했다는 것이나 "마침내 아메리카를 찾아내어 백성들을 위해 신세계를 열어 주었으니"와 같이 그의 발견이 크나큰 이타성을 갖고 있었다는 구도 등이 그러하다. "동행한 사람들이 실망하여 돌아가려고 했고 이어서 멈추게 하려고 [콜럼버스를] 흔들기를 십수 차례 이상 했으며, [콜럼버스]를 죽이고 그 피를 마시자고 공모하기에 이르렀다."와 같이 항해 과정의 고난과 위기를 보다 극적으로 포장함으로써 '발견'을 강조하는 것 역시 그 연장선에 있을 터이다. 이렇듯 대한제국기 미디어들은 량치차오라는 지식창고에 존재하던 콜럼버스 관련 지식을 다종다양한 방식으로 수용하고 또 변용하였다. 이는 한국에 온 콜럼버스의 프로토타입을 형성한 결정적 재료였다.

9 맺으며

　이상으로 대한제국기 미디어의 콜럼버스 수용 양상을 탐색해보았다.『독립신문』,『유몽천자』,『그리스도신문』,『오위인소역사』, 그리고 량치차오의 다양한 논설을 매개로 각종 신문, 잡지에 소개된 콜럼버스는 예외 없이 신화화된 면모나 이상적 가치를 내포하고 있었다. 특히 량치차오의「진취와 모험」과「의력」이라는 두 텍스트에 콜럼버스의 자리가 컸다는 사실, 그리고 그 정보들이 대한제국기 공론장에 반복적으로 번역되었다는 점에서 알 수 있듯 근대 동아시아에서 콜럼버스를 대변하는 이미지는 진취성, 모험심, 인내력 같은 근대의 미덕들과 혼재되어 있었다.

　그러나 이 책의 도입부에서 언급했듯 지금 우리가 살아가고 있는 이 시대의 콜럼버스 상像은 인류 역사상 다시 없을 위대한 탐험가에서 갈수록 멀어지고 있다. 콜럼버스의 아메리카 대륙 '발견' 이후 수백 년의 시간이 경과하는 동안 피해자의 비극은

끊임없이 재생산되었고 가해자는 갖가지 풍요로움을 누려온 것이 사실이다. 심지어 그 가해자들의 대오 맨 앞에 서 있던 인물이 바로 콜럼버스였다. 그는 수백 년간 단순한 영웅이나 위인 그 이상의 대접을 분에 넘치도록 받아왔다.

다만 그렇다고 해서 그에 관한 기록을 모두 폐기처분 한다든가, 그를 외면하는 것만이 능사는 아니다. 오히려 이렇게나 역사적 인식의 낙차가 큰 인물이기에 콜럼버스에 대한 역사적 평가는 이후로도 오래, 또한 더 섬세하게 이루어져야 할 영역일 수밖에 없다. 장기간 견고하던 위인으로서의 콜럼버스 상이 형성되던 시공간의 목소리들을 살펴보는 작업은 오히려 콜럼버스의 신화를 해체하는 데 실마리를 제공할 수 있다.

이 책에서 밝히고 싶었던 것 중 하나는 대한제국기 미디어에 왜 이토록 콜럼버스가 자주 호명되었는가에 있었다. 물론 당시는 콜럼버스뿐 아니라 서양 각국의 영웅들, 이를테면 나폴레옹, 비스마르크, 가리발디, 워싱턴, 표트르대제 같은 인물들 역시 미디어의 단골손님이었다. 하지만 콜럼버스의 결이 다소 다른 것은 그가 서구적 근대의 출발을 상징하는 인물이었다는 데 있다. 콜럼버스를 강력한 권위로 동원하는 미디어의 태도는 곧 사회진화론에 침잠해 있던 당대 지식인들의 한계를 적나라하게 드러낸다. 그러니 콜럼버스와 관련해서는 더욱이 사실관계가 중시될 리 없었다. 콜럼버스의 신화화는 곧 서구 중심의 근대가 지닌 신화화였던 것이다.

동아시아의, 그리고 대한제국기의 지식인들은 콜럼버스의 위대함에 감복되었다기보다는 그에게 덧입혀진 이미지나 상징성의 효용 가치를 알았기에 끊임없이 그를 소환했다. 콜럼버스에 대해 말하기보다는 콜럼버스를 통해 말하는 것이 대한제국기 미디어에서 나타나는 콜럼버스 수용의 특징이었다. 이 경우 오히려 신화화된 콜럼버스야말로 매개자들의 필요를 충족시키는 매력적인 선택지였을 터이다.

끝으로, 이 책에서는 대한제국기에 한정된 논의를 펼쳤다. 차후 일제강점기, 해방기, 20세 후반과 21세기를 아우르는 콜럼버스 수용사를 탐색해보는 것도 매우 흥미로운 작업이 되리라 기대한다. 어쩌면 그 자체가 서구 중심의 근대관에 대한 탈신화화 과정을 추적하는 일이 될 것이기 때문이다.

부록: 『태극학보』 연재 「클럼버스傳」의 현대어 번역문

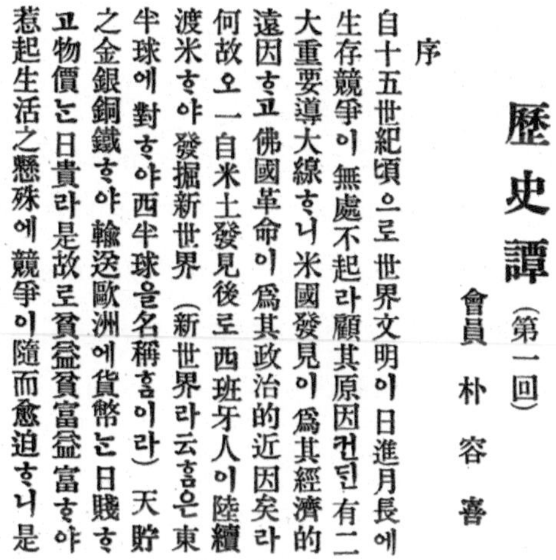

歷史譚(第一回)

會員 朴容喜

序

自十五世紀頃으로世界文明이日進月長에生存競爭이無處不起라顧其原因컨ᄃᆡ有二大重要導大線ᄒᆞ니米國發見이爲其經濟的遠因ᄒᆞ고佛國革命이爲其政治的近因矣라何故오一自米土發見後로西班牙人이陸續渡米ᄒᆞ야發掘新世界(新世界라云ᄒᆞᆷ은東半球에對ᄒᆞ야西半球을名稱ᄒᆞᆷ이라)天貯之金銀銅鐵ᄒᆞ야輸送歐洲에貨幣ᄂᆞᆫ日賤ᄒᆞ고物價ᄂᆞᆫ日貴라是故로貧益貧富益富ᄒᆞ야惹起生活之懸殊에競爭이隨而愈迫ᄒᆞ니是

三十九

〈그림 18〉 『태극학보』 연재 「클럼버스傳」 첫 면

※ 박용희(朴容喜)가 번역한 「클럼버스傳」은 1906년 10월과 11월에 걸쳐 대한제국기의 유학생 학회지 『태극학보』(3~4호)에 연재되었다. 원문은 한문현토체에 가까운 국한문체로 되어 있어 이 부록에서는 현대어 번역문으로 제시한다. 이하의 번역문은 필자가 공동번역자로 참여한 『완역 태극학보』(보고사, 2020)의 해당 부분을 기본으로 하되 수정 및 보완을 가한 결과물이다.

역사담 제1회 : 콜럼버스전 ‖ 회원 박용희

서(序)

15세기 경부터 세계문명이 일취월장하여 생존경쟁이 일어나지 않은 곳이 없다. 그 원인을 돌이켜 보건대 2대 중요 도화선이 있으니, 아메리가 빌견이 그 경세적 원인遠因이 되고 프랑스혁명이 그 정치적 근인近因이 된다. 왜냐하면 일단 아메리카 땅이 발견된 이후로 스페인인이 속속 아메리카로 건너가 신세계를 발굴하고-신세계라 함은 동반구에 대하여 서반구를 가리킨다- 하늘까지 쌓인 금·은·동·철을 유럽으로 수송하여 화폐는 날로 가치가 떨어지고 물가는 날로 올라가므로 빈익빈 부익부가 되어 생활에 현격한 차이를 야기하고 따라서 경쟁이 갈수록 치열해졌으니 이것이 그 경제적 원인遠因이다. 이어서 또한 프랑스혁명으로 수천 년간 압제 하의 인민에게 창졸간에 공화共和의 영향이 퍼져 전 유럽이 깜짝 놀라 전제專制에 불평을 지닌 창도자가 사방에서 일어나니 이것이 정치적 근인近因이다. 그러므로 내가 아메리카 땅을 발견하여 근세문명을 재촉한 태두인 콜럼버스 전을 서술하여 우리 동포에게 알리고자 한다.

콜럼버스전
콜럼버스는 이탈리아 사람으로 서력 1437년에 이 나라 북방

제노바 만두灣頭의 제노바항에서 태어났다. 그 인물됨이 체격이 적당하고 풍채가 늠름하고 관옥冠玉 같은 얼굴에 눈빛이 번쩍이며 정신이 활달하여 침착하고 과감하며 닥친 일을 상황에 따라 처리할 때 쾌활하고 뇌락磊落하며 예수에 대한 깊은 믿음으로 흔들림 없이 경건하였다. 어렸을 때부터 성정이 이학理學을 좋아하여 일찍 파비아(Pavia) 대학에 입학하여 천문, 지리 및 기하, 항해 등의 학문을 열렬히 통달했고 또한 독서 및 연구를 좋아하였다.

이때에는 유럽의 전반적인 사상이 아직 젖내를 면치 못하여 와전되고 헛된 말들이 풍미하였고 또한 미욱하고 편벽하여 다만 옛것만 옳고 현재는 그르다고 여겼다. 오직 포르투갈 왕 엔리케(Henrique)만이 앞서 부왕父王을 따라 아프리카 무어로 원정을 갔다가 풍토의 차이와 기후의 다름 및 동식물의 특이함을 견문하고 속으로 생각하기를 만약 아프리카 서해안을 지나 항해 탐험한다면 토지를 발견할 수 있을 것이라 자신하였다. 그리고 왕위에 올라 고서적을 살펴보다가 그중 한 책에서 옛날 유드기사스라는 자가 있어 홍해-아프리카와 아라비아의 사이에 있는 바다이니 이 바다 안에 아메바라 칭하는 극미한 곤충이 많이 서식하여 찬연히 발광發光하여 바닷물이 붉게 된 까닭에 이런 이름을 갖게 되었다-로 출범하여 아프리카를 항해하여 지브롤터에 도달하였다는 것, 또한 옛적에 카세디 사람 한노라는 이가 있어 일찍이 6척의 배를 이끌고 아프리카 해안을 따라 항해하여 드디어 아라비아 해안에 닿았다는 등의 이야기를 보게 되었다. 숙원이 나날이 절실해져 한가히 궁궐에 깊이 틀어박혀서는 명사를 많이 초청하여 매일 항해, 천문 등의 학문을 연구하였으니 그 뜻은 이탈리아인의 상권을 빼앗아 자국의 번성을 도모하고자 하는 데에 있었다.

얼마 지나지 않아 포르투갈 왕 엔리케는 리스본-포르투갈의 수도이다-에 항해학교를 세우고 또한 사그레스(Sagres)에 관측소를 설립하고 사방에서 명사와 달인들을 초빙하여 교편을 잡게 하였다. 이로 인하여 포르투갈인은 엔리케 왕의 열성적인 웅략雄略 하에서 힘써 나침반을 응용하여 해양으로 나다니고 멀리 아프리카로 항해하여 그 대부분을 발견하고 열대지방을 탐험하며 아소아 군도群島-대서양 가운데 서경 20도 북위 38에 있으며 현재의 아조레스 군도가 이것이다-를 내왕하였다.

이때에 유럽인의 두뇌가 일변하게 되어 사방에서 호기심과 모험심이 있는 이들이 리스본에 모여들었고, 콜럼버스도 또한 그중의 한 사람이었다. 콜럼버스가 리스본에 머물던 시기에 항상 총성總聖 사원에 다니며 기도하고 예배하다가 반려자를 얻게 되었으니, 이름은 도나 필리파(dona Filipa)이며 엔리케 왕 밑에서 양성된 발군의 항해객 고故 이탈리아 기사 바르톨로뮤 페레스트렐로(Bartolomeu Perestrello)의 딸이었다. 이로 인하여 콜럼버스는 그 장인의 항해 원정 때의 일기와 지도를 얻어 후일의 발견을 위한 얼마간의 도움을 받았다. 콜럼버스가 리스본에 체류할 때 집안이 빈한하여 지도 및 해도를 제작하고 판매하여 생계를 모색했는데 그 제도製圖의 정밀함과 지식의 해박함이 우뚝하고 특출하여 당대 상등 사회에서 명성이 자자했다. 얼마 후에 그 처 필리파와 함께 포르투 산투(Porto Santo) 섬으로 이주하였으니 이 섬은 예전에는 그의 장인이 통치하던 곳이요 현재는 그의 동서 쿠냐(P. C. da Cunha) 유수(留守)의 땅으로 사방의 뱃사람들이 모이고 흩어지는 곳이었다. 그리하여 콜럼버스는 기니아-아프리카 서단 서경 10도에서 20도 사이에 있는 땅이다-를 내왕하는 항해가를 찾아가 발견과 치부致富에 대한 이야기를 듣지 않는 날이 없었고, 이렇게 콜럼버스의 열정이 불타올라 해양에서 지내보고자 하는 마음이 극점에 달하였다. 콜럼버스가 이 섬에 머물면서 얻어 들은 두세 가지 믿을 만한 보고는 그 발견하려는 동기를 한층 북돋웠으니

첫째는 카나리아 군도群島-아프리카 북서쪽 대서양의 서경 15도 북위 30도에 있는 곳이다- 및 상투메(São Tomé) 등의 섬의 신발견이며, 둘째는 골레오(Galway)에서 "서풍이 연일 크게 불 때에 아마도 타 인종이 제조한 듯한 조각물 하나와 유럽인이 여태껏 보지 못한 거목과 동색銅色 얼굴에 적갈색 나체의 시신 2구가 이 섬에 떠내려왔다."라고 운운한 것이다.

콜럼버스는 포르투갈에 머물러서는 끝내 성공할 수 없음을 깨달았고 또한 조강지처 필리파가 사망하게 되자 드디어 뜻을 굳히고 포르투갈을 떠나 스페인을 가서 팔로스(Palos)-스페인 남방의 한 항구 이름이다-에서 구걸하며 지냈다. 라 라비다 사원 승정僧正-승정이라는 것은 기독교도를 총괄 지휘하는 자이다-후인 페레스-어왕 이사벨라에게 세례를 준 신부이다-가 그 용모의 비범함과 행동의 이상함을 보고 마침내 그를 교회 안에 받아들였다가 그 천재가 보   을 넘고 지략이 출중하며 관찰력이 뛰어남을 차츰 알아보고 남 밑에만 머물 사람이 아니라 하여, 이윽고 여왕 이사벨라-이사벨라는 카스티야 국왕이다. 아라곤 국왕 페르난도에게 시집갔으나 그럼에도 각자 그 국정國政을 처리하였으므로 여왕의 명칭을 지닌다-에게 천거하고 코르도바-코르도바는 옛 스페인의 수도다. 지금은 마드리드로 수도를 옮겼다-로 향하게 하였다.

당시의 스페인은 이베리아 반도를 아우르고자 하여 바야흐로 무어 민족과 크게 쟁투를 벌이던 시기였던 터라 어느 겨를에 이런 허황한 이야기에 마음을 썼겠는가. 또한 코르도바에 이르고 보니 천거해주는 사람이 없을 뿐 아니라 도처에서 배척을 당하였다. 그러나 주머니 속의 송곳처럼 재주가 머잖아 드러나니, 열성이 한층 견고해지고 말솜씨는 거침없는 물과 같아 만나는 이들이 번번이 놀라워했다. 그리하여 콜럼버스의 명성이 점차 상등사회 사이에 알려져 결국 여왕을 알현할 수 있었으며 여왕은 인재人才를 알아보고 상객上客으로 예우하였다. 그러나 여왕이 콜럼버스의 기획에 대해 목사회의에 문의를 할 때마다 번번이 탄핵을 당하여 진퇴유곡이 다만 두세 번이 아니었으나, 매번 여왕의 후의와 디곤 데 데사 승정의 동정을 얻어 추방만은 면할 수 있었다.

세월이 흘러 무어족이 물러나고 스페인이 난을 평정하여 상하가 차츰 안정되고 화평한 정국이 이루어지자 콜럼버스의 원정 기획이 각료 회의에 다시 제출되었으나 단호히 거절을 당하였다. 콜럼버스는 이 웅대한 기획을 품은 지 이미 18년 세월이 지난지라 그 행로의 어려움을 탄식하고 다시 결심하여 스페인을 떠나 프랑스로 가고자 장차 코르도바를 출발하여 파리를 향하려 하니, 여왕 이사벨라가 약간의 금전 때문에 이런 포부를 지닌 대호걸을 잃는 것을 안타까워하여 마침내 스페인 남방 그라나다에서 카스티야 왕국의 세입歲入을 다 써서 그 항해의 비용을 지불할 것을 약속하였으니 때는 서력 1492년이었다.(미완)

역사담 제2회: 콜럼버스전(속) ‖ 박용희

콜럼버스가 여왕 이사벨라에게 찬조를 이미 얻고 재능 있고 든든한 사람 120인과 원정선 3척을 구비하고 서력 1492년 9월에 팔로스항을 출발하였다. 당시에 유럽의 이름난 사회에서 콜럼비스의 몽싱직 기도와 이사벨라의 공상적 야심을 조매嘲罵하지 않는 자가 없었다.

콜럼버스의 원정선이 이미 당시 유럽 항해자들의 최극단으로 인정하던 카나리아제도를 경과하여 테네리페(Tenerife) 곶도 지평선 아래로 떨어지고 선박은 아득한 해양에 인적이 미치지 않던 서방으로만 직향하매 일행이 혹은 의심하고 두려워하며 혹은 우울해 했다. 콜럼버스가 일일이 그 땅에 금성옥야金城沃野와 명산대천이 풍부하여 처음 도달하는 때에는 다 당신들의 소유가 되리라고 은근히 타일러 안정하게 했다. 원정선이 무역풍을 타고 적도 아래에 접근할 때 나침반의 경사는 더욱 심하고 지금까지 유럽인이 발견하지 못했던 현상이 많이 나타나서 의심하며 두려워하던 자는 낙담하고 우울하던 자는 허둥거림이 더욱 심해졌다. 콜럼버스가 한 가지 계책을 찾아내서 안심시키되 이는 적도를 비추는 혹성의 영향이라는 거짓말로 타이르고 또 떠다니는 해초와 날아가는 날짐승을 지시하면서 상상국에 도달하는 것이 멀지 않았음을 설교했다. 이와 같이 콜럼버스가

불세출의 포부에 대한 무한한 반동을 타파하는데 천행만고의
결과가 어찌 공상에 그칠 것인가.

10월 11일에 콜럼버스가 동행을 갑판 위에 소집하고, 도끼
자국이 있는 떠다니는 나뭇조각과 조각한 나무그릇을 지시하
니 일행이 환희를 감추지 못하고 아라곤 왕국의 월계관과 카스
티야 왕국의 벨벳 의복을 (이 두 가지는 남다른 공적이 있는 자
에게 국왕이 하사하는 상품이다) 반드시 받을 것을 기대하지
않는 자가 없었고, 콜럼버스도 18년간의 큰 포부와 상상국이
정말 나타날 것 같은 기쁨을 감추지 못하고 밤새도록 승선한
산타마리아호 선두에 서서 최신의 보고만 초조히 기다리던 중
홀연히 원거리에서 등화가 깜박였다. 믿고 있었던 평소 신뢰하
던 페드로 구티에레즈, 로드리고 산체스 데 세고비아 두 사람
에게 이 소식을 진술함에 두 사람 역시 동의했다.

12일 일찍이 동이 틀 무렵에 앞서가던 핀타호에서 포성이 나
면서 해양의 비밀과 신세계의 발견을 광연하게 우주에 발포하
였다. 이때 콜럼버스가 처음 발견한 땅에 상륙하여 스페인 국
기를 높이 걸고 동행 120명을 깃발 아래 소집하고 하나님의 은
혜에 감사한 후에 그 땅을 산살바도르라고 명명했다. 동행 등
이 울창한 산림을 통과하여 중앙에 이르렀을 때 동면철부鋼面
鐵膚의 한 무리의 원주민이 몹시 놀라 이상히 여기며 우왕좌왕
하고 스페인인을 천사가 강림할 줄로 믿었다. 원주민은 미개

한 야만인이므로 스페인인의 찬란한 물품과 번쩍이는 칼과 창을 좋아하여 몸에 지닌 보물을 전부 내놓고 스페인인과 교환했는데, 그중 스페인인의 불타는 야심을 야기하여 후일 홍인종이 잔학한 유럽인의 손에 유린된 것은 원주민의 소지물품이 다 은기금식銀器金飾이기 때문이었다. 일행이 원주민에게 그 출처를 탐문한즉 원주민이 그 섬의 남방을 지시했다.

이때 일행이 그 섬을 출발하여 황금국으로 항해하여 10월 27일에 어떤 땅에 도착하여 (어떤 땅은 지금의 쿠바섬이다) 그 땅에서 황금국의 소재지를 다시 물으니 원주민이 동방을 지시할 따름이었다. 당시 동쪽으로 항해하여 큰 섬 하나를 발견했는데 그 섬 이름은 아이티였다. 콜럼버스가 발견의 명예를 무궁히 전하고자 하여 히스파니올라라고 명명하니 지금의 산토도밍고섬이다. 콜럼버스가 다시 쿠바에 도착하여 친절하고 자애하고 우의적인 그 섬 추장 강아낭아리와 회견하고 황금국의 소재를 탐문한즉 추장이 시바오국에 황금굴이 있다고 했다. 콜럼버스가 강아낭아리에게 청원하여 쿠바에 목책을 건축하고 40명을 남겨두어 지키게 하고, 1493년 1월 4일에 남아 있는 니나호에 승선하고 스페인을 향하여 출발했다.

돌아가는 길에 풍파가 크게 일어나 구사일생이 비일비재할 뿐더러 콜럼버스도 절대적으로 팔로스항에 도착하지 못할 줄로 여기고 신세계 발견에 대한 기록을 저술하여 바닷속에 던져

만일 침몰하는 때에는 기록이라도 유럽에 흘러가게 해서 자기의 필생 대사업을 영원히 잊히지 않게 하려고 하여 이와 같이 바닷속에 간추린 기록을 던진 것이 10여 차례요, 또 일행이 상상하되 콜럼버스가 신비를 지나치게 찾으므로 하나님이 진노하였다 하고 콜럼버스를 바닷속에 던져 넣으려는 자도 없지 않았으나 콜럼버스의 위풍과 쾌활에 경복(敬服)하여 착수하는 자는 없었다. 이와 같이 콜럼버스가 아조레스제도 중의 산타마리아섬에 간신히 도착했을 때 승선한 니나호는 폭풍과 거대한 파도에 떠내려갔으니 때는 3월 4일이었다. 당시에 포르투갈 국왕 주앙 2세가 콜럼버스가 산타마리아섬에 도착했다는 소식을 듣고 초대하여 그 원정의 유래를 자세히 물은 후에 쾌재, 쾌재라 연호하고 선박을 준비하여 스페인으로 편안히 보냈다. 콜럼버스가 팔로스항에 도착하자 환영의 깃발과 갈채의 소리가 이베리아반도에 울려퍼지고 페르난도 왕과 이사벨라 여왕의 환대는 종이와 붓으로 다 기록하기가 어려웠다.

1493년에 콜럼버스가 다시 스페인 국왕의 명령을 다시 받들고 신발견지의 총독이 되어 이주민 1,500여 명과 17척의 선박을 영솔하고 9월 28일에 신세계를 향하여 팔로스항을 출발하였는데, 역시 무역풍을 타고 11월 상순에 쿠바섬에 안착하여 이전에 설치한 목책에 가본즉 목책은 파괴되었고 목책 내에는 백골만 쌓여 있었다. 콜럼버스가 그 섬 추장을 재차 면회하고 그 까닭을 심문한즉 머물러있던 스페인인의 원주민 학대가 너무 심해서 심지어 부녀를 약탈하며 주민을 학살하므로 원주민이 모두 격앙하여 스페인인을 습격해서 죽이고 목책을 불살라 무너뜨렸다고 자세히 설명하는 것이었다. 콜럼버스가 다시 목책을 건축하고 거주의 지경을 개척했다. 당시에 콜럼버스를 시기하는 자가 스페인에 편만遍滿하여 훼방이 많았고 콜럼버스도 수구우려愁懼憂慮한 결과 중병에 걸려 반사반생半死半生의 상태에 빠졌다.

콜럼버스가 그 두 번째 항해의 목적을 이루지 못하고 어쩔 수 없이 스페인으로 돌아갔다. 그러나 여왕 이사벨라는 그 훼방의 이면을 각파覺破하고 콜럼버스를 극력 원조하여 이 때문에 콜럼버스가 중상을 면했다. 그 후에 스페인 왕 페르난도도 콜럼버스에 대한 거짓 참소를 깨닫고 물리쳤으나 인심을 안정시키기 위해 잠시 원항을 유예하게 했다. 세월이 유수 같아 4,5년이 지나매 콜럼버스의 나이가 60세가 되었고 머리 주변의 백발이 불세출의 천재가 노장老壯의 회포를 감추기 어려웠다. 여왕 이사벨라가 부왕 페르난도에게 누차 콜럼버스가 입은 누명을 설명하고 3차 원정을 명령할 것을 주장하여 1498년 4월에 콜럼버스가 세 번째로 신세계로 떠났다. 콜럼버스가 신세계에 도착하여 과반은 히스파니올라섬에 상륙하게 하고 몇 척은 친히 이끌고 적도 아래로 질주하니 무더위로 녹을 것만 같았고 땀은 비 오듯 했다. 이와 같이 탐색한지 수개월 후에 남아메리카 북단 오리노코강 하구에 이르러 남아메리카 북방을 찾아냈다.

콜럼버스의 인물됨이 타고난 재주는 뛰어나나 통어統御의 재략이 없으므로 번번이 훼방을 입는 것일까? 식민지에 원한이 무성하여 뜻하지 않게 히스파니올라섬에 반란이 일어났다. 스페인왕 페르난도가 이 소식을 듣고 유력한 보바딜라를 보내 다스리게 했는데, 보바딜라는 가혹함이 매우 심하고 잔인무도한 자였다. 신세계에 도착한 즉시 콜럼버스와 그 동생 바르톨로메오와 그 아들 디에고를 체포하여 이사벨라성에 잡아가두니, 슬프다, 개세蓋世의 천재가 풍전등화의 격이었다. 언제 단두대의 이슬로 사라질지 참담한 운명을 예측하기 어려웠다. 당시에 콜럼버스에게 구세주가 된 여왕 이사벨라가 아라곤에 원행하였다가 이 소식을 듣고 서둘러 사절을 보바딜라에게 보내서 콜럼버스를 사면하고 금 2천 파운드를 하사하여 귀국하게 하고 면전에 초대하여 보바딜라의 정태를 물은 후에 그 폭거에 진노하여 바로 그날에 소환령을 내렸다.

콜럼버스가 네 번째로 여왕 이사벨라의 원조를 얻어 1502년에 신세계로 출발하니 이때의 나이가 66세였다. 콜럼버스가 신세계에 도착하여 히스파니올라섬에는 체류하지 않고 즉시 신세계를 탐색하여 지금까지 유럽인의 야심을 부추겨 호시탐탐하게 하던 멕시코 일부의 황금국의 신비를 발견하게 되었다.

오호라, 하늘의 도우심이 없구나! 콜럼버스의 원정선이 난파되어 신임 총독 오반드의 원조를 요청했지만 불응하는 것이었다. 콜럼버스가 진퇴유곡에 빠져 작은 배 한 척에 탑승하고 어룡의 눈과 풍랑의 틈을 비집고 혈혈단신으로 고국강산에 다시 돌아오니 여왕 이사벨라는 세상을 영원히 떠났고 다시 자기를 돌봐줄 자는 없었다. 이때에 콜럼버스가 그 권리, 작위, 특권을 그 아들 디에고에게 전해주고 자기는 은퇴하여 현세의 여왕 이사벨라의 은덕에 감읍하고 내세의 하나님의 슬하에서 안식을 기도하다가 갑자기 영면하니 오호, 천지여! 개세의 천재가 이제 평안해졌다. (완)

【참고문헌】

- 『독립신문』, 『황성신문』, 『유몽천자』, 『그리스도신문』, 『대한매일신보』, 『조양보』, 『서우』 『대조선독립협회회보』, 『소년한반도』, 『태극학보』
- 『牖蒙千字 卷之二』, 大韓聖教書會, 1904.
- Washington Irving, A History of the Life and Voyages of Christopher Columbus, LONDON: John Murry, Albemarle-Street, 1828.
- 구메 구니타케, 정선태 역, 『특명전권대사 미구회람실기 제5권 유럽대륙(하) 및 귀항일정』, 소명출판, 2011.
- 구메 구니타케, 정애영 역, 『특명전권대사 미구회람실기 제1권 미국』, 소명출판, 2011.
- 권정원·신재식·신지연·전민경·최진호, 『완역 소년한반도』, 보고사, 2021.
- 권정원·신재식·신지연·최진호 역, 『완역 서우 1』, 보고사, 2021.
- 김태준, 정해렴 편, 『김태준 문학사론 선집』, 현대실학사, 1997.
- 량치차오, 강중기·양일모 외 역, 『음빙실자유서』, 푸른역사, 2017.
- 손성준·신지연·유석환·임상석 역, 『완역 서우3』, 보고사, 2021.
- 안자산, 최원식 역, 『조선문학사』, 을유문화사, 1984.

• 양계초, 이혜경 주해, 『신민설』, 서울대학교출판문화원, 2014.

• 임화, 「개설 신문학사」, 『임화 문학예술전집 2 - 문학사』, 소명출판, 2009.

• 크리스토퍼 콜럼버스, 이종훈 역, 「10월 10일」, 『콜럼버스 항해록』, 서해문집, 2004.

• 후쿠자와 유키치, 송경회·김현·김승배·나카무라 슈토 역, 『서양사정』, 여문책, 2021.

논저

• 김병철, 『한국근대번역문학사 연구』, 을유문화사, 1975.

• CCTV 다큐멘타리 대국굴기 제작진, 『대국굴기, 강대국의 조건 -포르투갈·스페인』, 안그라픽스, 2007.

• 가령 앨프리드 W. 크로스비, 김기윤 역, 『콜럼버스가 바꾼 세계』, 지식의숲, 2006.

• 구장률, 「근대 초기 잡지의 영인 현황과 연구의 필요성」, 『근대서지』 1, 근대서지학회, 2010.

• 권두연, 「보성관의 출판 활동 연구 - 발행 서적과 번역원을 중심으로」, 『현대문학의 연구』 44, 한국문학연구학회, 2011.

• 김경남, 「지식 유통의 관점에서 본 근대 한국의 탐험문학 형성과 의미」, 『로컬리티 인문학』 26, 부산대학교 한국민족문화연구소, 2021.

- 김성준, 『유럽의 대항해시대』, 문현, 2019.
- 김태준, 「'문'의 전통과 근대 교육제도」, 한국어문학연구 제42집, 2004.
- 로널드 라이트, 안병국 역, 『빼앗긴 대륙, 아메리카』, 이론과 실천, 2012.
- 손성준, 「대한제국기, 세계를 번역하다 -번역하는 주체의 탄생과 한국근대문학사」, 『상허학보』 63, 상허학회, 2021.
- 손성준, 「해제: 대한제국기 잡지의 정치성과 애국운동의 접변 -『소년한반도』를 중심으로」, 『완역 소년한반도』, 보고사, 2021.
- 양일모, 「근대 중국의 서양학문 수용과 번역」, 『시대와 철학』 15(2), 한국철학사상연구회, 2004.
- 유재천, 「『조양보』와 민족주의」, 『한국언론과 이데올로기』, 문학과 지성사, 1990.
- 이상현, 「한 개신교선교사 바라본 20세기 한국어문학장과 번역 -게일(James Scarth Gale)의 문체기획과 한국어 강좌를 중심으로」, 『춘원연구학보』 20, 2021.
- 이상현·임상석·이준환, 『유몽천자 연구: 국한문체 기획의 역사와 그 현장』, 역락, 2017.
- 이유미, 「1900년대 근대적 잡지의 출현과 문명 담론 -『조양보』를 중심으로」, 『현대소설연구』 26, 한국현대소설학회, 2005.
- 임상석, 「『대조선독립협회회보』의 취지와 구성 -조선의 독서인

을 위한 세계의 정보」, 『Journal of Korean Culture』 59, 한
국어문학국제학술포럼, 2022.

• 조영한·조영현, 『옐로우 퍼시픽 -다중적 근대성과 동아시아』,
서울대학교출판문화원, 2020.

• 주경철, 『크리스토퍼 콜럼버스 -종말론적 신비주의자』, 서울대
학교출판문화원, 2013.

• 찰스 만, 최희숙 역, 『1493: 콜럼버스가 문을 연 호모제노센 세
상』, 황소자리, 2020.

• 채백, 「『독립신문』의 참여 인물 연구」, 『한국언론정보학보』 36,
한국언론정보학회, 2006.

• 최덕교, 『한국잡지백년 1』, 현암사, 2004.

기타

• 노주석, 「콜럼버스 데이」, 『파이낸션뉴스』, 2022.10.11.

• 이영섭, 「미국서 수난당하는 콜럼버스, 출신국 이탈리아선 여전
히 '위인'」, 『연합뉴스』, 2020.10.12.